RETRATO DO BRASIL

ENSAIO SOBRE A TRISTEZA BRASILEIRA

PAULO PRADO

RETRATO DO BRASIL
ENSAIO SOBRE A TRISTEZA BRASILEIRA

www.lpm.com.br

Coleção **L&PM** POCKET, vol. 1359

Texto de acordo com a nova ortografia

Capa: Ivan Pinheiro Machado
Preparação: Patrícia Yurgel
Revisão: Jó Saldanha

CIP-Brasil. Catalogação na publicação
Sindicato Nacional dos Editores de Livros, RJ

P919r

   Prado, Paulo, 1869-1943
     Retrato do Brasil: ensaio sobre a tristeza brasileira / Paulo Prado. – 1. ed. – Porto Alegre [RS]: L&PM, 2023.
     176 p. ; 18 cm.   Coleção L&PM POCKET, v. 1359

   ISBN 978-65-5666-381-4

   1. Brasil - História. 2. Brasil - Civilização. 3. Características nacionais brasileiras. I. Título.

23-84383   CDD: 981
                   CDU: 94(81)

Gabriela Faray Ferreira Lopes - Bibliotecária - CRB-7/6643

© do Prefácio, L&PM Editores, 2023

Todos os direitos desta edição reservados a L&PM Editores
Rua Comendador Coruja, 314, loja 9 – Floresta – 90.220-180
Porto Alegre – RS – Brasil / Fone: 51.3225.5777

PEDIDOS & DEPTO. COMERCIAL: vendas@lpm.com.br
FALE CONOSCO: info@lpm.com.br
www.lpm.com.br

Impresso no Brasil
Inverno de 2023

"O jaburu... a ave que para mim simboliza a nossa Terra. Tem estatura avantajada, pernas grossas, asas fornidas e passa os dias com uma perna cruzada na outra, triste, triste, daquela "austera e vil tristeza".

(Carta de Capistrano de Abreu e João Lúcio de Azevedo)

Sumário

Prefácio – *João Carlos Brum Torres* 9

I. A luxúria 35

II. A cobiça 67

III. A tristeza 102

IV. O romantismo 133

Post-Scriptum 150

Prefácio

João Carlos Brum Torres[*]

O retrato que Paulo da Silva Prado nos deixou incluiu-se imediata e pioneiramente na lista das principais obras empenhadas em identificar os elementos determinantes da identidade do Brasil. Essa lista é longa e heterogênea. Os nascidos no século XIX compõem a primeira geração dos renomados intérpretes que se dedicaram a essa tarefa, grupo no qual Paulo Prado está ao lado de Sílvio Romero, Euclides da Cunha, Sérgio Buarque de Holanda e Oliveira Vianna. Não foi do mesmo modo que cada um deles abordou a questão da identidade brasileira, assim como também seguiram por caminhos próprios aqueles que, nas gerações seguintes, voltaram, direta ou indiretamente, ao mesmo tema, como Gilberto Freyre, Vianna Moog, Caio Prado Júnior, José Honório Rodrigues, Nelson Werneck Sodré, Darcy Ribeiro, Celso Furtado, Raymundo Faoro, Roberto daMatta e José Murilo de Carvalho.

---

[*] Graduado em Filosofia e Direito, mestre em Filosofia e doutor em Ciências Humanas. Foi professor titular da Universidade Federal do Rio Grande do Sul e atualmente é professor e coordenador do curso de pós-graduação em Filosofia da Universidade de Caxias do Sul.

No quadro desses esforços para ir além da superfície formada pela série incontável e aberta dos acontecimentos que compõem a história de um país, no trabalho reflexivo para revelar o que, latente e indistintamente, estrutura-lhe a longa duração, para valer-me da expressão consagrada de Braudel, Paulo Prado distinguiu-se pelo imprevisto, pela originalidade de, no esforço para entender a origem última de nossas deficiências identitárias, voltar-se para o terreno pouco explorado das peculiares disposições afetivas e comportamentais do povo brasileiro. Distribuições que, alega ele, se repetiriam tipicamente na pluralidade regional e étnica de nossa gente e que foram o que levou esse nosso Brasil a breca, ou a pior destino, para falar mais finamente. Mas não foi só isso o que o livro fez e por isso convém que, antes de apresentá-lo, digamos uma palavra sobre o muito mais que nele está envolvido, a começar pela notável trajetória pessoal de seu autor e sobre o contexto em que foi elaborado: o Brasil do final do primeiro quartel do século XX.

Em 1928, quando o *Retrato* teve sua primeira edição, Paulo Prado tinha 59 anos. Encontrava-se, então, em sua mais completa maturidade, carregando não só os dotes de herdeiro de uma das mais tradicionais, abonadas e influentes famílias de São Paulo e do Brasil, a começar por seu pai, o conselheiro Antônio da Silva Prado – deputado, senador e ministro do Império, abolicionista, intendente e prefeito de São Paulo por doze anos –, mas agregando a isso tanto o duradouro refinamento e a cultura dos sete anos de sua juventude em Paris (1890-1897), quanto os já 31 anos de uma exitosa vida empresarial, que incluía a produção e a exportação de café, investimentos em infraestrutura viária, na indústria e mesmo em serviços financeiros, dos quais a imensa fortuna foi uma decorrência natural.

No entanto, esses antecedentes, aos quais conviria ainda agregar o papel modernizador de toda a família Prado nas instituições políticas, no urbanismo e no desenvolvimento cultural de São Paulo, não explicam a escrita do *Retrato do Brasil*, pois vale aqui, *mutatis mutandis*, o dito de Sartre: Valéry é certamente um pequeno burguês, mas nem todo pequeno burguês é Valéry. Quer dizer: ser bem-nascido, educado, elegante, lido, rico e cosmopolita não dá suficientemente conta do que reservou a Paulo Prado inclusão necessária no rol dos mais reconhecidos intérpretes da civilização brasileira, não obstante seu livro seja, como ele mesmo reconhece, um livro de impressões, ainda que caucionadas por conhecimento historiográfico largo e relevante. Para entender melhor a justificativa do incontornável destaque dado a esse ousado e extravagante ensaio, é preciso examinar o modo inesperado e radicalmente crítico como a história do Brasil foi vista, experimentada e pensada por seu autor no complexo e conturbado ambiente em que se encontrava o país ao término das três primeiras décadas do século XX. Para tanto, ler o livro é indispensável, cabendo a esta apresentação tão só algumas antecipações de seu conteúdo e alguma indicação sobre o modo de abordá-lo.

...

Abre o *Ensaio sobre a tristeza brasileira* a frase: "Numa terra radiosa vive um povo triste". Fica claro, assim, por que foi dito acima que Paulo Prado distinguiu-se por prestar atenção a certas "disposições afetivas e comportamentais" de nosso povo. É que, para ser mais explícito, à diferença do que fazem os demais intérpretes da nacionalidade, Paulo Prado não vai seguir os modos mais usuais de inspeção de nossa história. Sua atenção não privilegiará os estudos da economia, das instituições, nem se ocupará do levantamento de figuras típicas da sociedade brasileira, como o fazendeiro, o sertanejo, o caipira, o gaúcho. Tampouco lhe importará descrever e reconstituir minuciosamente formações sociológicas e de antropologia cultural bem especificadas, como farão, posteriormente, Gilberto Freyre ao falar da *casa grande da senzala*, ou, numa outra chave, do *estamento*, à maneira de Faoro. E alheio a sua preocupação foi também o esforço para mostrar que em nossos hinos, bandeiras, monumentos, feriados comemorativos de eventos institucionais, como a Independência ou a Proclamação da República, encontra-se o lugar no qual nós, nós os brasileiros, apreendemos e subjetivamente fixamos o que, histórica e socialmente, constitui nossa identidade, como José Murilo de Carvalho, muito mais recentemente, veio a fazer.

Em vista de tantas exclusões, perguntarão justificadamente os leitores: mas então o que é mesmo que fez esse Paulo Prado? Bem, se formos ao índice do livro, o que lemos ali é que, se quisermos entender o que somos, precisamos prestar atenção às paixões, como a Luxúria e a Cobiça, e a certas disposições emocionais, como a Tristeza e o Romantismo, conjunto este que nos constituiria a figura, a triste figura, é bem o caso de dizer, e que é espelhada nos nomes dados aos capítulos que organizam o livro. O partido hermenêutico é, portanto, que, se quisermos verdadeiramente compreender, é a certos traços dominantes do caráter nacional, do caráter do povo brasileiro, que devemos atentar. Tais traços não são tomados por Paulo Prado como propriedades inatas, mas como o resultado da inter-relação das diferenciadas características histórico-culturais das populações que convivem ao longo do tempo no mesmo território, com as condições prevalentes no ambiente natural em que se encontram e do contexto institucional das distintas épocas em que viviam e se desenvolveram. De onde decorre que o livro seja, senão historiográfico no sentido mais estrito do termo, de algum modo histórico, esforço de penetração na "selva escura da história do Brasil", como se lê no prefácio de *Paulística etc.**, outra das obras de Paulo Prado.

Como dito acima, nos limites desta apresentação vão apenas algumas indicações de como se desdobra esse ensaio de caracterologia sócio-histórica, cabendo advertir, porém, que o privilégio dado pelo resumo à lição principal de cada capítulo deixa de lado o que há de sedutor e brilhante no livro, a prosa elegante e limpa, a vivacidade dos quadros em que nos vemos retratados, o que há de persuasivo na seleção de testemunhos e fontes em que estão baseados e a corajosa ousadia de apresentar sem rebuços teses de agudo polemismo, construídas como uma espécie de longa epítrope, essa figura de retórica por meio da qual fazemos da insistência sobre um quadro horrível estímulo e razão para que nos disponhamos e esforcemos a mudá-lo.

• • •

Abre o ensaio *A luxúria*, capítulo dedicado à apresentação do vício que, segundo o ensaio, desde o descobrimento viria a constituir um traço essencial e constante da vida social brasileira. A base para

---

* Ver Paulo Prado, *Paulística etc.* São Paulo: Companhia das Letras, 2004. p. 55.

justificação da tese encontra-se em uma erudita, cuidada, fina, mas provavelmente não suficientemente crítica, seleção de relatos e depoimentos de viajantes, religiosos, comerciantes, homens de governo que atestariam a predominância nos primeiros tempos da ocupação do território de costumes sexuais absolutamente dissolutos. Consequência, mais sugerida do que enunciada explicitamente no texto, é que, embora esse desregramento extremo possa ter sido de algum modo modulado depois do momento inaugural, a luxúria permaneceria como uma marca inapagável do caráter brasileiro.

A análise de Paulo Prado destaca três condicionantes para essa liberalidade sexual extremada e perversa, típica das primeiras etapas da vida colonial. Em primeiro lugar, a naturalidade e a liberdade cultural com que a população indígena encarava e tratava o sexo, combinada, como diz o texto, com "a lascívia do branco solto no paraíso da terra estranha"*, fatores estes – introduzidos sem traço de hesitações, pudores e cuidados que em nossos dias se imporiam – que, diz-nos ainda o texto, "a passividade infantil da negra africana acoraçoou". No primeiro meio século da ocupação colonial, a

---

* Lascívia, diz o texto, por tudo favorecida: "Os impulsos da raça, a molícia do ambiente físico, a contínua primavera, a ligeireza do vestuário, a cumplicidade do deserto e, sobretudo, a admiração fácil e admirativa da mulher indígena, mais sensual do que o homem como em todos os povos primitivos, e que em seus amores dava preferência ao europeu".

ausência absoluta de mulheres brancas – quer dizer cristãs, pelo menos externamente submetidas às restrições da moralidade católica – foi outro dos condicionantes desse desregramento geral; depois, pelo menos até o início do século XVII, a escassez delas continuou a cumprir esse mesmo papel indutor. Em terceiro lugar, teria empurrado nessa mesma direção o perfil social, psicológico e cultural dos que formaram as primeiras levas de povoadores: "a escuma turva das velhas civilizações", os "corsários, flibusteiros, caçulas das velhas famílias nobres, jogadores arruinados, padres revoltados ou remissos, pobres diabos [...], vagabundos dos portos do Mediterrâneo, anarquistas", quer dizer: os aventureiros sem pátria e sem raízes, ávidos "de gozo e vida livre", como dirá adiante o texto, para os quais as restrições morais dos costumes das terras de origem já pouco valiam e a nada serviam.

A cobiça dá seguimento à apresentação da segunda das paixões que, nascidas no Brasil colônia, persistiriam como traços constitutivos da identidade brasileira. Neste caso a origem da deformação encontrar-se-ia no generalizado desejo bruto, invariável e praticamente exclusivo de ouro, prata e pedras preciosas e no esforço arriscado e obsessivo para encontrá-los por parte daqueles que, primeiramente, vieram a ocupar este pedaço da terra verde recém-descoberta que, muito depois, viria a ser o Brasil. Quase dois séculos adiante, nos é dito que esse mesmo desejo de riqueza material alcançou seu paroxismo e, então, finalmente, uma recompensa à altura, pois, na virada do século XVII para o XVIII, foram descobertas as minas no Rio Doce e na região de Ouro Preto. O desarranjo social então provocado pelos deslocamentos populacionais e por seus efeitos sociais e psicológicos foi a nossa versão dos quadros típicos das corridas ao ouro. Em vista disso, e também do desestímulo ao desenvolvimento produzido pela centralização burocrática e coibitiva das iniciativas do povo da colônia impostas pelo governo de Portugal, Paulo Prado viu-se levado a declarar: "Para o Brasil, esse século XVIII foi também o século do seu martírio". No entanto, como fizera em estudos anteriores, ele não deixa de enfatizar que no desenfreio das ambições cobiçosas e em meio ao atraso, ao desânimo, à pobreza regressiva e desamparada da maioria do povo, caberia reconhecer a figura admirável dos bandeirantes, especialmente os de São Paulo*, que

---

* No artigo "Bandeira", Paulo Prado escreve: "Para essa luta sobre-humana, as circunstâncias do meio, da raça, e da educação tinha preparado e afeiçoado admiravelmente 'o herói providencial' no tipo do bandeirante de São Paulo. [...] Todos esses fatores conjugados criaram uma admirável exemplar humano, belo como um animal castiço, e que só puderam realizar nessa perfeição física os homens da Renascença italiana, quando César Bórgia seduzia o gênio de Maquiavel". *In: Paulística etc.* 4ª edição, organizada por Carlos Augusto Calil. São Paulo: Companhia das Letras, 2004. p. 147.

animados pela coragem, pela obstinação, pela resistência e pelo espírito de empresa, ao mergulharem nas lonjuras e recônditos da terra ainda inexplorada, ao mesmo tempo em que preavam índios, vieram a conquistá-la e a dar origem aos espalhados núcleos de povoação miscigenada que viriam a se tornar a terra e o povo do Brasil. Povo este no qual os aspectos positivos da ação e do perfil bandeirante ficariam também marcados, ainda que em ponto menor, restrita e subjacentemente*, e marcariam o caráter de nosso país.

A tristeza não começa por repetição da frase que abrira o livro: "Numa terra radiosa vive um povo triste". Inicia é com um contraste, evocando o desembarque dos peregrinos ingleses em Massachusetts em 22 de dezembro de 1620, cuja austeridade, resiliência ao frio intenso e perigoso, trabalho organizado, senso de autonomia individual e, ao mesmo tempo, espírito comunitário é então contrastado com o modo como "na costa atlântica do continente do sul" ocorreu a chegada dos novos ocupantes. Nestes já faltavam as qualidades "do português heroico do século XV", moralmente desfigurados e diminuídos que estavam pelo próprio

---

* Mas nunca completamente desaparecida, como atestado, segundo Paulo Prado, no "renascimento econômico dos dias de hoje", o dia dos tempos em que escrevia, em 1925, conforme dito em seu prefácio à primeira edição de *Paulística etc.*, cf., op cit., p. 59.

sucesso do domínio imperial, que lhes formara e consolidara o ânimo de pura exploração e a degeneração de costumes que se associa a quem vive da riqueza alheia. Ou para dizê-lo nas palavras do próprio autor: "Por esse povo já gafado do gérmen de decadência começou a ser colonizado o Brasil".

A tristeza, que o ensaio apresenta como sendo o estado de alma mais característico de nosso povo, designação síntese de sua identidade, é um capítulo menos simples do que se poderia pensar a partir dessa remissão inicial a uma semente ruim. Articula, na verdade, duas ordens de explicação. A primeira toma a larga prevalência social da tristeza como consequência combinada dos *abusos venéreos* – sob a suposição da veracidade do dito latino *Triste est omne animal post coitum* – com as inevitáveis decepções da cobiça desmedida, consequência natural da alta frequência da "inutilidade do esforço e pelo ressaibo da desilusão". A segunda das explicações da tristeza brasileira, Paulo Prado a encontra também combinada: por um lado como resultado de uma desafeição original pela terra por parte dos portugueses natos e de mazombos, ambos tendo como anseio dominante o de quanto antes voltar à *pátria d'além-mar*; por outro lado presente no próprio caráter "do mestiço", que, diz-nos o texto, "já acostumado à contingência do sertão, do perigo, do clima limitava o esforço à ganância de enriquecimento fácil, ou à poligamia desenfreada".

O levantamento da distribuição desse quadro anímico pelas regiões – por Pernambuco, pela Bahia, pelo Rio de Janeiro e mesmo por São Paulo – varia ênfases e distingue as descrições com atenção especial às questões raciais, então muito presentes nas discussões histórico-sociológicas, em registro, porém, em tudo diverso de seu renascimento na agenda identitária dos dias atuais. O que naquele então interessava da variação racial não era a denúncia de abusos e da violação de direitos, como hoje vemos, mas simplesmente a avaliação dos bons e maus efeitos do processo de miscigenação sobre o estado geral do país. Mais especificamente, a preocupação principal desse trabalho era reconstituir modo e proporção em que se combinavam em cada lugar brancos, pretos, mamelucos e mulatos, a análise cuidando, sobretudo, de inventariar os maus resultados provocados no perfil dos brasileiros formados no cadinho étnico em que se fundiu o nosso povo. Na desolação do quadro assim apresentado, Paulo Prado concede apenas que, "disseminadas pelos sertões, de norte a sul" ainda persistiam "as virtudes ancestrais: simplicidade lenta na coragem, resignação na humildade, homens sóbrios e desinteressados, doçura das mulheres". A conclusão geral será, contudo, que "ao iniciar-se o século de sua Independência", a Colônia "era um corpo amorfo, de mera vida vegetativa, mantendo-se apenas pelos laços tênues da língua e do culto."

O romantismo, o mais curto dos capítulos, fecha o corpo do livro. O ensaio combina ali duas críticas: a da retórica política de origem rousseauniana, origem dos excessos democráticos e da submissão do realismo a ideais retoricamente bem apresentados, e o análogo amor às miragens do romantismo, combinadas estas com o melancólico sentimento de que a verdadeira vida é ausente, cujo maléfico efeito é o de conduzir não só aos devaneios, mas à dissipação da vida e ao pessimismo. Essa segunda linha é acentuada nas observações conclusivas, nas quais o fato de que nossos principais poetas românticos morreram moços é tomado como representação da astenia da raça, debilidade atribuída à obsessão com a morte e, novamente aqui, a um *erotismo alucinante*. O fecho sendo então que "no Brasil, do desvario de nossos poetas e da grandiloquência dos oradores, restou-nos o desequilíbrio que separa o lirismo romântico da positividade da vida moderna e das forças vivas e inteligentes que constituem a realidade social".

Cabe, por certo, um balanço crítico à vista de tão carregada crítica de nossa história e de nossa gente, desse pessimismo pesado, fortalecido por um diagnóstico consoante o qual nossas deformações, insuficiências e prejuízos não são acidentais, mas essenciais, constitutivos porque enraizados na mistura de linhagens de um povo decadente, em cuja composição étnica as relações inter-raciais são vistas como frequentemente juntando o pior dos troncos miscigenados, e, ademais, depois da Independência, subjetivamente desencaminhado por um constructo ideológico de ideais sem outra densidade que a da retórica romântica. No entanto, não cabe fazê-lo sem levar em conta o *Post-Scriptum*, parte na qual o livro reflete, ainda que muito parcialmente, sobre si e sobre sua circunstância, sobre sua posição ante o tempo em que se inscreve

A autorreflexão do *Post-Scriptum* começa com uma questão de método, declarando que o *Retrato do Brasil* foi composto como um quadro impressionista, livre da obsessão com datas, com "citações e autos que nada provam", além de "não incidir na prosa tabelioa dos simples arroladores de fatos", como anota com justiça não o próprio Paulo Prado, mas Agrippino Grieco, um de seus primeiros resenhadores. Mas a impressão de modéstia suscitada pelo reconhecimento dessa limitação de enfoque é logo corrigida pela indicação do que caberia colocar no lugar dela "o que os alemães chamariam a história pragmática do Brasil", cuja execução implicaria, contudo, exatamente o que o ensaio, ainda que de modo impressionista, procura fazer: o estudo das três raças – o colonizador português, as populações indígenas e o negro africano – que produziram "o novo tipo étnico que será o habitante do Brasil". Reconhecendo, mas deixando em segundo plano o estudo das desigualdades socioeconômicas e culturais associadas à escravização de indígenas e negros, Paulo Prado faz a pergunta que os capítulos anteriores já haviam respondido: "que influência pode ter no futuro essa mistura de raças?". Sua resposta repetirá que consequências disso teriam sido o "mais anárquico e desordenado individualismo" e a "indolência e passividade das populações", ainda que, neste último caso, essas características tenham facilitado "a preservação da unidade política", feito produzido, também paradoxalmente, pelos "vícios e defeitos da burocracia estatal portuguesa".*

---

* Neste ponto convém notar que muito embora Paulo Prado tenha como um ponto importante do ensaio a questão do caráter étnico do povo brasileiro, ele não a encara a partir das teorias racistas. A propósito, no *Post-Scriptum*, escreve que "a questão da desigualdade das raças, que foi o cavalo de batalha de Gobineau [...], é questão que a ciência vai resolvendo no sentido negativo. Todas as raças parecem essencialmente iguais em capacidade mental e adaptação à civilização". Mas inquieta-se com a mestiçagem ao dizer que embora "o mestiço brasileiro" tenha "fornecido indubitavelmente à comunidade exemplares notáveis de inteligência, de cultura, de valor moral", por outro lado observa que "as populações oferecem tal fraqueza física, organismos tão indefesos contra a doença e os vícios, que é uma interrogação natural indagar-se se este estado de coisas não provém do intenso cruzamento das raças e sub-raças". Sobre este último ponto deixa de lado os estudos de saúde pública sobre as condições sanitárias e de saúde das populações brasileiras, desenvolvidos por Roquette Pinto, Oswaldo Cruz, Belisário Penna, Artur Neiva e Miguel Pereira. Confira-se, para reconstituição destas questões, Thomas Skidmore, *Preto no Branco – Raça e Nacionalidade no pensamento brasileiro*. São Paulo: Paz e Terra, 1976. Especialmente o capítulo 6.

Para encaminhar a conclusão do livro, o *Post-Scriptum* permite-se, porém, mudar de registro e lançar o olhar sobre o tempo em que foi escrito, sobre o estado do Brasil naquela terceira década do século XX. A descrição do que, então, Paulo Prado enxerga continua acerbamente crítica. Começa com a observação de que "dos agrupamentos humanos de mediana importância, o nosso país é talvez o mais atrasado [...]. Não progride: vive e cresce, como cresce e vive uma criança doente". Nossa população, distribuída no território em "grupos humanos incertos, vivendo à solta na terra comum", sobretudo no litoral – em sinal claro da desorganização da ocupação territorial e do mau aproveitamento dos recursos da terra –, continua a ter semi-ignorado o interior do país, que permanece entregue à indolência, às doenças, às crendices e submetido à tradição do mandonismo local. Por sua vez, o que há de mais desenvolvido no Brasil, as "manchas de civilização material nos planaltos da Serra do Mar, da Mantiqueira e nos campos do sul", é visto como frágil e dependente, pois explorado pelo capital estrangeiro, debilitado também pela inércia da administração pública, cujo foco principal é a extensão e a eficácia da cobrança de impostos. Somado a isso, diz-nos ainda o texto, o que se vê de vivo na ordem privada continua debilitado e contraimpelido pela regra geral de priorização e preferência dadas às importações e à correlata imitação do estrangeiro, cujas consequências macroeconômicas são o endividamento em moedas fortes e as repetidas crises cambiais. Finalizando esse quadro infeliz, diz-nos ainda o *Retrato*, há uma hipertrofia da atenção à esfera política como se a ela se reduzissem os enormes e desatendidos problemas do país. "Para tão grandes males" conclui, então, o *Post-Scriptum* e com ele o livro, só duas soluções poderão evitar o desmembramento do Brasil: a guerra ou a revolução, de modo que, lê-se na última linha, só resta como pensamento de reconforto "a confiança no futuro, que não pode ser pior do que o passado".

• • •

Diante desse *Retrato do Brasil*, cuja escrita foi por todos logo reconhecida como extraordinariamente sóbria, elegante e envolvente, mas cujo retratado nos é apresentado com uma figura monstruosamente deformada e feia, cabe ver como ele foi recebido.

A verdade é que a repercussão imediata do livro foi enorme e a recepção crítica grande, rica, diversa e polêmica. Algumas vozes foram contundentemente negativas, e outras, entusiasmadas com o estilo e admiradas com o que de verdade viam no ensaio e também em acordo com seu propósito e oportunidade. No entanto, em todas as resenhas e exames do livro, não faltaram, além da admiração pelo texto, os apontamentos de parcialidades, omissões, anacronismo do enfoque metodológico e mesmo equívocos de fundo com relação ao modo como a obra representa a realidade brasileira.

Já em dezembro de 1928, imediatamente após a publicação do livro, Alceu Amoroso Lima, entre nós o mais importante pensador católico do século XX, à época ainda não convertido, intitulou sua resenha assim: "Retrato ou caricatura?".* Sua resposta foi que é próprio dos panfletos "exagerar nas tintas e eliminar todos os entretons", de modo que, a seu juízo, o que Paulo Pardo fizera fora uma caricatura, construída, embora, com o espírito de um "patriotismo sadio" e, por isso, merecedora de atenção e admiração, ainda que crítica.

Para quem se aproximava então do catolicismo, a condenação dos efeitos perniciosos da luxúria, tão enfatizados no ensaio, com certeza estava entre os pontos mais importantes do livro. Dos modernistas de 22, Oswald de Andrade, embora ressalte que o livro teria acordado muita gente ao gritar que o Brasil existia, e a despeito de que também louve-o por ter trazido à opinião pública brasileira o sinal de que havia uma revolução mundial em andamento, não

---

* Ver "Retrato ou caricatura?". *In:* Paulo Prado, *Retrato do Brasil – Ensaio sobre a tristeza brasileira*. 10ª edição, organizada por Carlos Augusto Calil. São Paulo, Companhia das Letras, 2012, p. 152-157.

hesita em acusá-lo de julgar a luxúria com "a moral dos conventos inacianos", nem em afirmar que quem conhecesse o autor veria no livro uma traição a si mesmo.* Oswaldo Costa, na revista de Oswald de Andrade, *Antropofagia*, radicaliza o ponto ao dizer que, "na época de Freud", Paulo Prado "se fantasia de visitador do Santo Ofício, toma a palmatória, abre o catecismo e prega moral ao brasileiro da fuzarca, insistindo em meter na cabeça dele o desespero do europeu podre de civilização".** Mário de Andrade é mais sinuoso; seu artigo, que tem por título *Inteligência fazendeira*, ignora o conteúdo do *Retrato* e diz que seu mérito é ter anunciado a chuva que viria, quer dizer, a grande crise dos anos 30.*** Ainda em 1928, Agrippino Grieco, na mais elegante das resenhas e, ao mesmo tempo, levando a sério o conteúdo do livro, admira "o civilizado, o fino epicurista das letras que é seu autor", assim como "a distinção, a polidez da frase", e, atribuindo ao ensaio o caráter de obra de arte, não lhe reconhece força demonstrativa. Este teria o estatuto de uma hipótese inverossímil, pois o parecer de Agrippino é que "somos azedos não por motivo racial, mas social e econômico, por sentirmos fracos, não só na cidade, onde não conseguimos fazer face à invasão estrangeira, aos capitais monopolistas

---

* Ver "Retoque ao Retrato o Brasil", p. 169-171.

** Ver "Moquém", também publicado na edição de Carlos Augusto Calil, p. 174-176.

*** Ver "Inteligência fazendeira", p. 172-173.

[...], mas também no interior, onde sofremos por fazer parte do mais desprotegido dos proletariados, o proletariado rural".*

Mais tarde, à parte de muitas outras manifestações sobre o *Retrato do Brasil*, viriam a ele os historiadores. Em 1949 Werneck Sodré publica uma circunstanciada avaliação do livro, louva-lhe o profundo conhecimento de nossa história, o tom acusatório do estado lamentável e inaceitável em que a seu tempo fora levado o país, elogia também sua sensibilidade em antecipar a grande crise de 1929, mas insiste em que a luxúria, a cobiça e o romantismo não foram causa, mas sim efeito da estrutura econômica e social do país. Wilson Martins, em 1969, em sua *História da literatura brasileira*, atribui ao livro grande valor, observando que embora se deva considerá-lo como uma obra de arte, das quais "não cabe discordar, mas tão só aceitar ou rejeitar", credita-lhe não só a honra de ter aberto "a estrada real para os estudos brasileiros", mas a de ter criado "em alto estilo, o ensaísmo propriamente moderno".** Em 1978, Francisco Iglésias, historiador profissional, aponta o caráter não científico da obra, o uso pouco crítico das fontes, temerariamente arriscando-se na generalização de evidências tiradas dos processos da Inquisição nos quais o foco da atenção justamente incluía privi-

---
* Ver "Da Paulística ao Retrato do Brasil", p. 58-164.
** Ver "1928: Retrato do Brasil", p. 202-210.

legiadamente casos de luxúria e cobiça. Censura-lhe, além disso, o psicologismo, mas não deixa de reconhecer que o *Retrato do Brasil* é um "livro harmonioso, admiravelmente escrito, um dos momentos altos na bibliografia brasileira".* Nesse mesmo ano em que Iglésias escreveu, Fernando Henrique Cardoso, que, por certo, não é exatamente historiador, publicou o seu *Fotógrafo amador*, uma página na revista *Senhor Vogue*.** Ali, depois de notar que Gilberto Freyre, ao culturalizar as análises sobre a constituição da identidade brasileira, rompera "com o que havia de preconceito sobre as 'raças inferiores'" e de observar que não obstante fosse o *Retrato* "a consagração do subjetivismo romântico", Fernando Henrique insinua que, nesta medida, dever-se-ia tomá-lo como uma versão desastrada da "transfiguração do feio em belo", do orgulho do que, embora defeituoso, fosse nosso, traço maior da Semana de 1922, cujo emblema é *Macunaíma*. Ao final do século XX, em 1997, Fernando A. Novais, ao ensejo da nona edição do livro, em uma coluna na *Folha de São Paulo*, o exalta como "um momento privilegiado dessa retomada

---

* Ver "Retrato do Brasil, 1928-1978", p. 211-222.
** O texto foi recuperado em Fernando Henrique Cardoso, *Pensadores que inventaram o Brasil*. São Paulo: Companhia das Letras, 2013. Devo ao amigo Lucas Taufer o oportuno alerta para não deixar de incluir a Fernando Henrique nesta lista de comentadores de o *Retrato do Brasil*.

de consciência de nós mesmos", preocupação esta que constituiria justamente o traço dominante da cultura brasileira a partir do fim da década de 20 e cujo principal mérito foi o de abrir-nos para a visão crítica de nós próprios.* Por fim, quase agora, em 2022, em *A ideologia modernista – a Semana de 22 e sua consagração***, Luís Augusto Fischer reabre o processo de avaliação crítica do *Retrato do Brasil* e lhe faz a menos condescendente, na verdade mais impiedosa e radical das acusações: "Paulo Prado se esconde atrás de citações de viajantes para reproduzir, neste ponto, os seguintes horrores, que são racistas mas são, talvez pior ainda, do tipo que culpa o oprimido pela opressão, a estuprada pelo estupro, o escravizado pela escravidão".

• • •

Agora, praticamente um século depois, à luz de tantas e qualificadas avaliações anteriores, o que ainda se poderá e o que caberá dizer sobre o *Ensaio sobre a tristeza brasileira*?

Para dar resposta a essa indagação, o melhor talvez seja começar com outra pergunta: será que esse diagnóstico de que somos um povo triste tem alguma plausibilidade, será que, quando olhamos

---

* Ver "Raízes da Tristeza", p. 229-233.
** Ver Luís Augusto Fischer, *A ideologia modernista – a Semana de 22 e sua consagração*. São Paulo: Todavia, 2022.

para o nosso país ao já nos aproximarmos do final deste primeiro quartel do século XXI, nos vemos tristes?

Tristes, tristes no sentido próprio e exato do termo, não me parece que sejamos. Mas não creio despropositado dizer que estamos machucados, frustrados, confusos, divididos e bastante desiludidos com nós mesmos. Certamente não cumprimos o vaticínio feito por Dom Pedro I no alvor da nossa Independência: não, não nos tornamos o "assombro do mundo novo e velho". Longe disso, como se vê nos dados sobre a emigração, no âmbito da qual é crescente a participação de nossos jovens mais promissores. Nossa sociedade continua ainda a disputar o campeonato das mais desiguais do mundo, estado visível na paisagem urbana de nossas cidades onde multiplicam-se os que vivem do lixo, os moradores de rua, os drogados e onde os bairros de classe média e alta são circundados por um favelamento enorme, por essas grandes comunidades, como hoje se diz, no qual o povo honrado e trabalhador, ausente o Estado, é submetido à autoridade clandestina e perversa dos capitães do tráfico de drogas e por milícias, quase tão perniciosas quanto o próprio tráfico. Nossa economia, a despeito do extraordinário sucesso do agronegócio, desindustrializando-se a olhos vistos, mostra-se também absolutamente incapaz de integrar-se com alguma autonomia aos centros de inovação tecnológica do mundo. E a política, essa que Paulo Prado queixava-se de parecer ser a única preocupação social tomada como relevante no país, continua mais ou menos assim. Para que assim não fosse, precisaríamos ter e ver as forças da ordem pública somadas às da esfera privada, comprometidas ambas com a solidariedade social e articuladamente empenhadas na construção de um país à altura do que o mais rico e desenvolvido século que a história humana conheceu faculta.

Por isso, um diagnóstico crítico parcial e cruel como o de Paulo Prado continua a provocar e a desafiar, embora não porque ele dê conta do estado em que hoje se encontra nosso país, tampouco porque seu diagnóstico das causas de nossas insuficiências e penas dê uma visão equilibrada e justa de nosso país, mas porque ele nos chama para olhar o panorama que vemos hoje com a mesma disposição crítica com que ele se voltou para nosso passado. Falta-nos sim quem tenha a verve, a finura de espírito para mostrar como se refletem em nossas paixões, disposições de ânimo e consciência reflexiva os males estruturais de nosso país. Essa escrita, o retrato do Brasil de 2023, continua por fazer.

Oxalá se e quando essa nova crítica venha à luz, seja ela atenta também às qualidades e virtualidades positivas de nosso povo, que assim como pode ser triste, pode também ser alegre, e com a mesma alternância, vicioso e virtuoso, desalentado e esperançoso. Oxalá venha ela acompanhada também de uma convocação à convergência, à disposição de abrir mão de privilégios indevidos, à paciência sem a qual a perseverança no caminho é impossível e irrealizável, à aspiração que, a despeito das raivas e ódios do tempo, *in pectore* todos temos: a de fazer com que este Brasil, infelizmente rachado por diferenças político-ideológicas, perdido e debilitado por feridas econômicas, sociais e culturais que tão logo pensadas se reabrem, se reencontre e com isso ganhe a força necessária para verdadeiramente saná--las. Talvez então, mesmo se não nos tornarmos o assombro do mundo novo e velho que nos previa Dom Pedro, não tenhamos mais que nos remoer e envergonhar com as mazelas que, mesmo que exagerada e enviesadamente descritas, como fez Paulo Prado, ainda hoje nos desfiguram e humilham.

I

A LUXÚRIA

Numa terra radiosa vive um povo triste. Legaram-lhe essa melancolia os descobridores que a revelaram ao mundo e a povoaram. O esplêndido dinamismo dessa gente rude obedecia a dois grandes impulsos que dominam toda a psicologia da descoberta e nunca foram geradores de alegria: a ambição do ouro e a sensualidade livre e infrene que, como culto, a Renascença fizera ressuscitar.

Dessa Renascença surgira um homem novo com um novo modo de pensar e sentir. A sua história será a própria história da conquista da liberdade consciente do espírito humano. É assim que a volta ao paganismo – se teve um efeito desastroso para a evolução artística da humanidade que viu estancada a fonte viva da imaginação criadora da Idade Média –, é assim que o retorno ao ideal antigo teve como melhor resultado o alargamento, para assim dizer, das ambições humanas de poderio, de saber e de gozo.

Neste anseio, os povos da época se sentiam abafados e peados na vida estreita da Europa. Era preciso alterar – na terminologia nietzscheana – o sinal negativo que o cristianismo inscrevera diante do que exprimia fortaleza e audácia. Guerra aos fracos, guerra aos pobres, guerra aos doentes. Abrir as portas da prisão ocidental. Substituir à Obediência a Vontade individualista.* Dissipar as constantes e aterrorizadoras preocupações da Morte e do Inferno – medo de Deus e medo do Diabo – que tanto torturavam os espíritos cristãos.

A era dos descobrimentos foi o resultado desse movimento de libertação. Dilatava o mundo de que dois terços ainda não eram conhecidos e exaltava a vida física, como mais tarde a Revolução Francesa foi a exaltação da vida intelectual, arrogante e independente. Às navegações comerciais dos venezianos, genoveses e catalães seguiam-se outras mais audaciosas, abrindo novos céus e terras. As lendas, ainda romanas, das sonhadas ilhas do ouro e da prata, mudando de lugar como fogos-fátuos, atraíam sempre para mais longe outros povos marítimos. "Andando más más si sabe", dizia Colombo. Os livros de Marco Polo e Mandeville despertavam no ânimo dos aventu-

---

* Contra essa tendência revoltada se formou a Companhia de Jesus, tendo como uma das suas bases fundamentais a Obediência. É o que explica a longa luta dos colonos no Brasil contra os jesuítas. Por sua vez a Companhia é bem do seu tempo, quando preconiza a Ação como um ideal inaciano.

reiros novas ambições de conquista, o amor ao mistério das regiões desconhecidas, a curiosidade do maravilhoso, o reaparecimento do espírito das cruzadas.

Recomeçava na história do mundo o misterioso impulso que de séculos em séculos põe em movimento as massas humanas, após os longos repousos em que as civilizações nascem, se desenvolvem e morrem. Mais uma vez, neste movimento de fluxo e refluxo, a inquietação migratória tomaria o aspecto de imperialismo econômico e comercial. Em procura de ouro, que já escasseava, italianos, portugueses, espanhóis, holandeses, ingleses, franceses lançavam-se à porfia pelos novos caminhos marítimos. O Oriente esgotara as reservas europeias de metais preciosos e pedrarias. Para refazer a riqueza perdida voltavam-se os povos do Ocidente para os mesmos tesouros e minas da Ásia e da África. Por toda a parte se buscava o metal onipotente.

Ao voltar Colombo de sua primeira viagem, a Europa, ansiosa, pela voz de Pedro Martyr d'Anghiera, indagou logo se trouxera ouro. Essa febre invadia todos os espíritos, alvoroçados pelo deslumbramento das descobertas. Os homens, a quem o Renascimento revelara o prazer de viver, lançavam-se com a energia da época aos mais arriscados empreendimentos na esperança de fortuna rápida. A conquista sanguinária da América Espanhola é dominada por essa paixão frenética. Rio da Prata, Rio do Ouro, Castela do Ouro, Costa Rica, Porto Rico, assim se batizavam as terras que os conquistadores desvendavam ao mundo atônito. "Io no vine aqui para cultivar la tierra como um labriego, sino para buscar oro", escrevia Cortez. Nas narrativas de Oviedo, em duas páginas e meia aparecem 45 vezes as palavras *oro* e *dorado*, numa insistência de maníaco. E ao saudar o Gama em Calicut, grita-lhe, alviçareiro, o Monçaide: "Boa ventura! Boa ventura! Muitos rubis, muitas esmeraldas! Estaes na terra da especiaria, da pedraria e da maior riqueza do mundo!".* Era por toda a parte a mesma fascinação diante das riquezas reais ou fabulosas que prometiam as terras novas. Era a preocupação, confessada ou disfarçada, da *aura mortifera fames*, de que falava Pedro Martyr. Ouro. Ouro. Ouro.

Nessa atmosfera de heroísmo ideal e de impaciente ambição e com pompa desusada, partiu do Restelo em março de 1500 a esquadra de Pedro Álvares. Ao fundear diante do Cahy baiano, em frente à serraria azul do litoral, a expedição teve a visão de uma vida paradisíaca, com a verdura do país tropical e a pujança pululante da terra virgem. A carta de Caminha, na sua idílica ingenuidade, é o

---

* Castanheda, *História do descobrimento e conquista da Índia*. Livro 1, cap. XV.

primeiro hino consagrado ao esplendor, à força e ao mistério da natureza brasileira. Nas suas tintas vivas e frescas de painel primitivo – que já se comparou a um Memling – percebe-se o encantamento do maravilhoso achado que surgia diante dos navegantes depois da longa e incerta travessia. Dezenas de anos mais tarde ainda deixava a Gandavo uma deliciosa impressão de paraíso: "Toda está vestida de muy alto e espesso arvoredo, regada com as agoas de muitas e muy preciosas ribeiras de que abundantemente participa toda a terra, onde permanece sempre a verdura com aquella temperança da primavera que cá nos offerece Abril e Mayo".

O encontro do europeu, ao sair da zona temperada, com a exuberância de natureza tão nuançada de força e graça foi certamente a culminância da sua aventura. Colombo, no seu Diário, em 21 de outubro, registra a impressão de deslumbramento diante do esplendor tropical, do cantar dos pássaros, dos bandos de papagaios, "que escureciam o sol", das árvores de mil espécies, dos frutos desconhecidos. Pero Vaz foi, para nós, o cronista do maravilhoso achado. No Brasil, a mata cobria as terras moles da bacia amazônica, e a partir da barra do São Francisco, depois das dunas e mangues do Nordeste, seguia o litoral até muito além do Capricórnio, para terminar nas praias baixas do Rio Grande. Oferecia um obstáculo formidável para quem a queria penetrar e atravessar, como que exprimindo a opressiva tirania da natureza a que dificilmente se foge no envolvimento flexível e resistente das lianas. Compacta, sombria, silenciosa, monótona na umidade pesada, abafa, sufoca e asfixia o invasor que se perde no claro-escuro esverdeado de suas profundezas. Stanley, no sertão da África Central, já notara na floresta tropical a enormidade, a falta de proporção em relação visível com a humanidade, que caracteriza essas solidões misteriosamente habitadas.

Na zona equatorial do Brasil, o clima constantemente úmido e quente desenvolve uma força e violência de vegetação incomparável. É a Hileia Amazônica, cobrindo de arvoredo a maior extensão de terras do universo, mais de 3 milhões de quilômetros quadrados. Nela, os sentidos imperfeitos do homem mal podem apanhar e fixar a desordem de galhos, folhagens, frutos e flores, que o envolvem e submergem. Da confusão sobressaem os troncos da seringueira, da sapucaia, do pau d'arco, da massaranduba – a árvore do leite –, do bacori, pelos quais às vezes sobe o caule flexível da jassitara, palmeira enrediça, à procura da claridade do céu. A vegetação eleva-se por andares, atingindo quarenta a sessenta metros de altura, enlaçando-se aos troncos os cipós e parasitas, em luta pela vida, como num espaço demasiadamente povoado. Pela costa do Atlântico a mata, aproveitando o acidentado do solo e a umidade condensadora dos ventos gerais de sueste, excede em beleza e pujança a própria floresta equatorial. É o mesmo emaranhado hostil de lianas, trepadeiras e orquídeas, mas na submata as urticáceas, espinhos, samambaias tolhem ainda mais o andar do homem, que só vence a vegetação a golpes de facão. As madeiras preciosas, pelo refinado da qualidade e pela multiplicação das espécies, são superiores às da Hileia: assim os jacarandás, por exemplo, se desdobram numa variedade infindável – o jacarandá preto, jacarandá-rosa, jacarandá-roxo, jacarandá-de-espinho, jacarandá-tan, jacarandá-violeta, jacarandá-mocó, jacarandá-banana. É a mata do pau-brasil, que deu o nome à terra, e do seu maciço verde-escuro alça-se a galhada do jequitibá, igual à dos veados, acima dos finos palmitos e das embaúbas de prata. O chão é um tapete de flores caídas, de todos os tons, desde o amarelo-escuro, do vermelho-rubro, do cor-de-rosa, até o lilás, o azul-celeste e o branco alvíssimo. Variando com as estações, ponteiam a tapeçaria de verdura o roxo da flor-da-quaresma ou o ouro vivo do ipê. Pela encosta acima, a floresta avança para o interior, numa faixa superior a 200 ou 300 quilômetros, como no Rio Doce, onde vai alcançar o segundo planalto, já na Serra do Espinhaço.

Habita o vastíssimo território a mais variada fauna, tão extensa como a própria flora. Representam-na como tipos característicos as dezenove espécies de Edentados: tatus, preguiças e tamanduás.

Pássaros, das mais vistosas plumagens – com as suas 72 espécies de papagaios, beija-flores e bandos de borboletas, acordam e animam araras, periquitos e maitacas com os seus tucanos, o silêncio da mata feito de mil ruídos de insetos. Nos primeiros tempos, cardumes de baleias frequentavam a miúdo as praias e recôncavos da costa: das janelas do Colégio da Bahia os primeiros jesuítas as avistavam "saltando tantas e tão grandes, que era para ver".

Mais para dentro, além da antecâmara suntuosa da floresta, se estendia a vastidão da terra desconhecida – caatingas, catanduvas, cerrados, cerradões, carrascos, campos-gerais, pantanais – donde desciam ou se afundavam pelos sertões os largos rios, cheios de promessas misteriosas, convergindo nas três grandes bacias do Amazonas, do Prata, e na do Oceano Atlântico em que avultam o Parnaíba e o São Francisco. Por esse interior, em Minas, Goiás, Mato Grosso, São Paulo e todo o Sul, recomeçava a mata, aproveitando os grandes acidentes de relevo, o paredão do planalto, a umidade das cabeceiras, as condensações frequentes.

Águas e matas foram a surpresa e o encanto dos descobridores. Da beleza das paisagens não cuidavam. Não era, nem do tempo nem da raça, o amor à natureza. Camões não soube ver e apreciar os encantos da vegetação tropical: só o interessavam as especiarias e os produtos comerciais. Humboldt nota que na sua ilha encantada só descreve plantas europeias.* A mesma indiferença ou incompreensão é notável nos que aqui primeiro enfrentaram a terra recém-achada. Pigaffeta, durante a sua estada no Rio de Janeiro, na frota de Magalhães, apenas registra no seu diário o excessivo calor. Martim Afonso e Pero Lopes não se deixaram seduzir pelo magnífico anfiteatro da baía do Rio: foram mais ao sul aproveitar para a vila que fundaram a velha feitoria de traficantes de escravos escondida num recanto da abra de São Vicente. Além de Vespucci – muito da sua pátria e da sua época –, raros são, nesse duro século XVI, os que como Tomé de Sousa e Fernão Cardim sentiram o encanto da Guanabara.** Mas todos sofriam a sedução dos trópicos, vivendo intensamente uma vida animal e bebendo com delícia um ar como que até então irrespirado.

Nos capuchinhos de la Ravardière, já tocados pelo humanismo da Renascença rabelaiseana, ao começar o século XVII e ao pisarem o solo ardente do Maranhão, vamos, porém, encontrar a revelação desse mundo novo, com o qual nunca tinham

---

* Humboldt; *Cosmos*, vol. II.
** "Eu entrey no Rio de Janeiro que está nesta costa na capitania de Martin Affonso 50 lleguas de São Vicente e 50 do Espirito Santo, mando ho debuxo della a V.A. mas tudo he graça ho que se della pode dizer sendo que pimte quem quizer como deseje hum Rio isso tem este de Janeiro." – Carta de Tomé de Sousa, de 1º de junho de 1553.

sonhado nas células tristes do seu convento de Paris. Frei Claude d'Abbeville, por exemplo, ao contrário das apreensões da partida, descobria no Maranhão uma natureza sorridente e acolhedora. "Si estant lá, vous avez un contentement non pareil en regardant la terre, voire la diversité de tant d'animaux au milieu de la verdure qui est en tout temps, vous n'avez pas moins de plaisir levant les yeux en haut. Vous voyez divers arbres, tous couvers de monnes et de guenons de diverses sortes sautant d'arbres en arbres, avec une agilité et une dexterité admirables, faisant mille singeries comme s'ils vouloient vous donner du plaisir". Árvores havia, escreve o frade, "pleins d'oiseaux parmy les fruicts et les fleurs, gasouillans en tout temps comme font les nostres en un beau printemps, tous de divers plumages si beaux et si agréables que les Princes et les Seigneurs les tiennent bien cher par deça".

Yves d'Evreux, companheiro e continuador de frei Claude, não se furtou também ao enlevo que lhe produzia a nova terra. Além de artista, com um vivo e espontâneo sentimento do pitoresco, era também naturalista minucioso e exato. Passava horas deitado em plena mata, imóvel, a espreitar a vida arisca dos animais e insetos, desde a onça "qui court aprez sa queue et tournoie comme vous voyez faire aux petits chats quand ils son au milieu d'une salle, ou elles vont bellement le ventre contre terre, comme font les chats quand ils veulent prendre une soury"–

até os vaga-lumes riscando luminosamente a noite escura, Deus os tendo provido "d'un flambeau qu'ils portent devant et derrière eux".

À admiração do bom capucho nem escapava a nudez escandalosa das índias do Maranhão. Os seus olhos – confessa – não se cansavam das linhas harmoniosas dos corpos nus que a civilização não aviltara. Era esse certamente o paraíso bíblico, que já Colombo entrevira nas maravilhas do Orinoco. Ou não estaria longe, como afirmava Vespucci.

Paraíso ou realidade, nele se soltara, exaltado pela ardência do clima, o sensualismo dos aventureiros e conquistadores. Aí vinham esgotar a exuberância de mocidade e força e satisfazer os apetites de homens a quem já incomodava e repelia a organização da sociedade europeia. Foi deles o Novo Mundo. Corsários, flibusteiros, caçulas das antigas famílias nobres, jogadores arruinados, padres revoltados ou remissos, pobres-diabos que mais tarde Callot desenhou, vagabundos dos portos do Mediterrâneo, anarquistas, em suma, na expressão moderna, e insubmissos às peias sociais – toda a escuma turva das velhas civilizações, foi deles o Novo Mundo, nesse alvorecer. Franceses no Canadá, holandeses em Nova York, ingleses na Carolina, Virgínia e Maryland, castelhanos nas Antilhas, Nova Espanha, América Central e Pacífico, portugueses e ainda espanhóis, franceses e flamengos no Brasil, todo o continente se povoou desses adventícios violentos e desabusados. Rapidamente, pelo cruzamento ou pela adaptação se transformavam em "vaqueanos" e "rastreadores" da América espanhola, em *coureurs de bois* dos desertos do norte, no tapejara e no mameluco bandeirante da colônia portuguesa.

Nas praias dos mares desconhecidos desciam, venerados como deuses pelo aborígine inofensivo, deuses vindos do céu ou de outro mundo, à procura de ouro.* Orellana, nas margens do Amazonas, aparecia ao gentio como "filho do sol" e antes, nas terras do sul, os índios se mostravam sempre dispostos a embarcar com os europeus, acreditando que iam para o céu, refere a *Gazeta Alleman*, de 1514.

No Brasil, logo nos anos que se seguiram ao descobrimento, se fixaram aventureiros em feitorias esparsas pelo litoral. Eram degredados que abandonavam nas costas as primeiras frotas exploradoras, ou náufragos, ou gente mais ousada desertando das naus, atraída pela fascinação das aventuras. Dessa gente, raros eram de origem superior e passado limpo – na proporção de 1 por 10, talvez. "De baxa

---

* Na carta anexa de 1584, escrita da Bahia e atribuída ao padre Anchieta, se diz que a palavra Caraíba quer dizer *cousa santa* ou sobrenatural. E por esta causa, puseram aos portugueses este nome, logo quando vieram, tendo-os por cousa grande, como do outro mundo, por virem de tão longe por cima das águas. – *Rev. Inst. Hist.* T. VI.

manera y suerte", de "linajes obscuros y baxos", informam os cronistas castelhanos.

Representaram, porém, um papel peculiar na história do povoamento do continente. Entre nós, estabeleceram pela primeira vez um começo de contato entre o branco e o índio. Influíram sobre o gentio como foram influenciados por este. Uns caíram na mais extrema selvageria como o castelhano de que nos fala Gabriel Soares, com os beiços furados, ou como os intérpretes normandos que, segundo Lery, cometiam todas as abominações, indo até a antropofagia. Outros se transformavam em verdadeiros régulos, dando expansão aos seus sentimentos de homens de presa, ou então, mais medíocres, de temperamento burguês, viviam bem com o europeu e o indígena, aprendiam a língua da terra, estabeleciam feitorias e iniciavam o comércio naturista que predominou por todo o primeiro século.*

No Brasil, três núcleos de povoamento e mestiçagem sobrelevam nesse período inicial: foram os que tiveram como chefes e patriarcas Jerônimo de Albuquerque, Diogo Álvares Caramuru e João Ramalho.

---

* Capistrano de Abreu: Descobrimento do Brasil. (Tese de concurso). Rio, 1883.

Todos constituíram descendência – sobretudo os dois últimos – pelo cruzamento com cunhãs; todos proliferaram largamente, como que indicando a solução para o problema da colonização e formação da raça no novo país: "fueron pobladores, son pobladores", dizia, no Prata, Rui Diaz de Guzmán. Desses colonos, o primeiro da estirpe dos Albuquerques era cunhado do donatário Duarte Coelho, e vivia à maneira do gentio, amancebado com a filha de um morubixaba, e a quem batizara, dando-lhe o nome cristão de Maria do Espírito Santo Arco-Verde. Casando mais tarde com mulher branca, fidalga, deixou 24 filhos, sendo oito da índia Arco-Verde. Um dos filhos mamelucos foi depois chefe da expedição de conquista do Maranhão; dele é citada nessa luta contra o invasor francês La Ravardière a frase soberba: "Somos homens que um punhado de farinha e um pedaço de cobra quando o há nos sustenta"... De Caramuru anda a figura envolta em lendas ainda obscuras. Granjeou, porém, tal importância que, quando partiu para a colônia, o primeiro governador Tomé de Souza lhe trouxe uma carta de recomendação do próprio Dom João III. Casou Diogo Álvares com a índia Paraguaçu, que, afirma frei Vicente do Salvador e duvida Varnhagen, acompanhara o marido até a corte do rei de França. Ainda a conheceu o frade historiador, morrendo muito velha, tendo visto em vida todos os filhos e netos casados nas principais famílias portuguesas da terra.

O terceiro, tronco de grande linhagem mestiça, foi João Ramalho, patriarca dos campos de serra-acima na capitania de São Vicente. Dele escreveu Tomé de Sousa ao rei de Portugal: "tem tantos filhos e netos, bisnetos e descendentes delles ho nom ouso dizer a V. A. nã tem cãa na cabeça nem no rosto e anda nove leguas a pé antes de yantar...".* Foi o ascendente por excelência dos mamelucos paulistas que viriam a exercer tão grande influência na história do Brasil; foi o antepassado típico, como o descreve o primeiro governador, do antigo piratiningano, fisicamente forte, saudável, longevo, desabusado e independente, resumindo as qualidades com que dotou gerações e gerações de descendentes.

Dos três nomes de destaque na história da colonização, só o de Jerônimo de Albuquerque é de família e crônica conhecidas. Dos outros dois não sabemos quando e como aportaram a nossas praias. Náufragos, desertores, degredados? Nesse mistério são, entretanto, simbólicos: representam o insinuante domínio do branco sobre a indiada que o acolhia no engano dos primeiros encontros. Contêm em embrião quase todos os elementos da sociedade posterior. Era ainda o período idílico e heroico em que colono aqui chegava isolado no individualismo da época e misturava-se com o

* Carta de 1º de junho de 1553.

indígena, de quem aprendia a língua e adotava os costumes. Havia, porém, falta completa de mulheres brancas. Das diferentes expedições que percorreram no primeiro quartel do século XVI o litoral da colônia, em nenhuma se assinala a presença de casais ou de mulheres solteiras.* Este fato, que se verifica também em algumas regiões do Prata, dá uma feição especial à conquista e povoamento do Brasil. A concubinagem tornou-se uma regra geral, trazendo como resultado a implantação da mestiçagem na constituição dos tipos autóctones que povoaram desde logo esta parte do Novo Mundo.

O clima, o homem livre na solidão, o índio sensual encorajavam e multiplicavam as uniões de pura animalidade. A impressão edênica que assaltava a imaginação dos recém-chegados exaltava-se

* A primeira mulher branca de que há notícia no Brasil é a de João Gonçalves, meirinho em São Vicente, e de que fala uma petição datada de 1538. Segundo os termos desse documento o casal devia ter chegado um ano antes, em 1537. Tomé de Sousa, em 1549, para aqui trouxe algumas mulheres casadas com empregados que vinham temporariamente para a colônia. Só mais tarde em 1551, diz Gabriel Soares, chegaram mulheres para casar com os moradores principais da terra. Traziam como dotes, ofícios de fazenda e justiça. Na frota de Bois-le-Comte (1556) refere Jean de Lery que embarcaram cinco raparigas solteiras, acompanhadas por uma governante. Foram as primeiras francesas que conheceram o Brasil. Casaram-se com os seus patrícios do forte de Villegaignon.

pelo encanto da nudez total das mulheres indígenas. A própria carta de Caminha diz bem a surpresa que causou aos navegadores o aspecto inesperado das graciosas figuras que animavam a paisagem... Em meio aos grupos pitorescos que apareciam nas praias andavam entre eles três ou quatro moças bem "novinhas e gentis, com os cabellos muito pretos e compridos pelas espaduas e suas vergonhas tão altas e tão cerradinhas, e tão limpas de cabelleira que, de as muito bem olharmos, não se envergonham", escrevia Pero Vaz. E acrescenta que "uma daquellas moças toda tingida de fundo acima... e certo tão bem feita e tão redonda, e sua vergonha (que ella não tinha) tão graciosa que muitas mulheres de nossa terra, vendolhe taes feições, envergonhavam, por não terem as suas como ella". Trinta anos mais tarde ainda outro cronista se extasia diante da beleza das mulheres do Brasil "mui fermosas, que nam ham nenhûa inveja ás da rua Nova de Lixboa".

Depois dos longos dias continentes da travessia, o mundo novo, com essas aparições gentis, devia ser certamente o paraíso. Explica-se assim que da frota de Cabral cinco tripulantes desertassem atraídos pela visão de uma existência edênica, além dos degredados que na praia deixou o almirante, e que em alto choro assistiram à partida das naus em caminho das Índias. Cerca de um século mais tarde confessa o francês Simão Luís, das "Confissões da Bahia", que com dez anos de idade fugira do navio em que chegara ao Brasil, internando-se com o gentio no sertão desconhecido. A extrema mocidade de muitos desses emigrantes é um traço característico da época e da gente. Como esse obscuro Simão Luís, Cortez embarcara para a América aos dezenove anos de idade; Cieza de Leon, aos treze, e Gonçalo de Sandoval, capitão de Cortez, apenas tinha 22. Estácio de Sá, entre nós, já era governador aos dezessete anos, segundo uma informação jesuítica. À sedução da terra aliava-se no aventureiro a afoiteza da adolescência. Para homens que vinham da Europa policiada, o ardor dos temperamentos, a amoralidade dos costumes, a ausência do pudor civilizado – e toda a contínua tumescência voluptuosa da natureza virgem – eram um convite à vida solta e infrene em que tudo era permitido. O indígena, por seu turno, era um animal lascivo, vivendo sem nenhum constrangimento na satisfação de seus desejos carnais. "Tomam tantas mulheres quantas querem, e o filho se junta com a mãe, e o irmão com a irmã, e o primo com a prima, e o caminhante com a que encontra: *vivem secundum naturam* – escrevia Vespucci a Lorenzo dei Medici. Voltava-se à simples lei da natureza, e à fantasia sexual dos aventureiros, moços e ardentes, em plena força, prestava-se o gentio. Um dos mais sagazes observadores do século, Gabriel Soares de Sousa*, escrevia referindo-se aos tupinambás:

---

* Gabriel Soares. *Tratado descriptivo do Brasil*, 1587.

São "tão luxuriosos que não ha peccado de luxuria que não comettam; os quaes sendo de muito pouca idade tem conta com mulheres, e bem mulheres; porque as velhas já desestimadas dos que são homens, grangeam estes meninos, fazendo-lhes mimos e regalos, e ensinam-lhes a fazer o que elles não sabem, e não os deixam de dia nem de noite. É este gentio tão luxurioso que poucas vezes tem respeito ás mães e tias, e porque este peccado é contra seus costumes, dormem com ellas pelos matos, e alguns com suas proprias filhas; e não se contentam com uma mulher, mas tem muitas, como já fica dito, pelo que morrem muitos de esfalfados. E em conversação não sabem fallar senão nestas sujidades, que comettem cada hora; os quaes são tão amigos da carne que se não contentam, para seguirem seus apetites, com o membro genital, como a natureza o formou; mas ha muitos que lhe costumam pôr o pello de um bicho tão peçonhento, que lh'o faz logo inchar, com o que tem grandes dores, mais de seis mezes, que se lhe vão gastando, por espaço de tempo; com o que se lhe faz o cano tão disforme de grosso – que os não podem as mulheres esperar, nem sofrer; e não contentes estes selvagens de andarem tão encarniçados neste peccado, naturalmente cometttido, são mui afeiçoados ao peccado nefando, entre os quaes se não tem por afronta; e o que serve de macho, se tem por valente, e contam esta bestialidade por proeza; e nas suas aldeas pelo sertão há alguns que tem tenda publica a quantos os querem como mulheres publicas.

"Como os pais e as mãis vêm os filhos com meneos para conhecer mulher, elles lh'a buscam, e os ensinam como a saberão servir: as femeas muito meninas esperam o macho, mormente as que vivem entre os Portuguezes. Os machos destes Tupinambás não são ciozos; e ainda que achem outrem com as mulheres, não matam a ninguem por isso, e quando muito, espancam as mulheres pelo caso. E as que querem bem aos maridos, pelos contentarem, buscam-lhe moças, com que elles se desenfadem, as quaes lhe levam a rede onde dormem, onde lhe pedem muito que se queiram deitar com os maridos e as peitam para isso; cousa que não faz nenhuma nação de gente, senão estes barbaros".

Do contato dessa sensualidade com o desregramento e a dissolução do conquistador europeu surgiram as nossas primitivas populações mestiças. Terra de todos os vícios e de todos os crimes. Segundo o próprio testemunho dos escritores portugueses contemporâneos, a imoralidade dos primeiros colonos era espantosa, e excedia toda medida.*

"Nessa terra", escrevia o padre Manoel da Nobrega**, "ha um grande peccado, que é terem

---

* João Francisco Lisboa. *Apontamentos para a história do Maranhão*.

** Manoel da Nóbrega. *Cartas do Brasil* (1549-1560).

os homens quasi todos suas negras por mancebas, e outras livres que pedem aos negros por mulheres, segundo o costume da terra, que é terem muitas mulheres. E estas deixam-nas quando lhes apraz, o que é grande escandalo."

Três anos mais tarde dizia o mesmo jesuíta ao rei de Portugal:

"Já escrevi a V. A. a falta que neste terra ha de mulheres com que os homens se casem e vivam em serviço de Nosso Senhor, afastados dos peccados em que agora vivem, mande V. A. muitas orphãs, e se não houver muitas, venham de mistura dellas e quaesquer, porque são tão desejadas as mulheres brancas cá, que a quaesquer farão cá muito bem á terra, e ellas se ganharão, e os homens de cá afastar-se-ão do peccado".

Dos bandeirantes paulistas escrevia Montoya: "las mujeres de buen parecer, casadas, solteras ó gentiles, el dueño las encerraba consigo en un aposento, con quien pasaba las noches al modo que un cabron en un curral de cabras". No mesmo século, testemunhava o padre Simão de Vasconcelos: "Os costumes dos portuguezes, moradores que então se achavam nestas villas, vinham a ser quasi como os dos indios; porque sendo christãos, viviam a modo de gentios; na sensualidade, era grande a sua devassidão, amancebando-se ordinariamente de portas a dentro com as suas mesmas indias, ou fossem casadas ou solteiras". Cento e tantos anos mais tarde ainda dessa lascívia brutal, monstruosa e desenvolta, se queixava o padre João Daniel, ajuntando que os homens dela usavam "sem temor de Deus nem do pejo".*

Não era um vício excepcional na história da conquista da América. Conhecemos o harém que seguia o exército de Cortez, composto de vinte raparigas, todas *señoras y hijas de principales*. Os conquistadores espanhóis do século XVI viviam num regime de poligamia muçulmana. Todo soldado ou *encommendero* tinha o seu gineceu em que reunia pelo menos três mulheres. No Paraguai e no Prata se elevava frequentemente a vinte o número dessas concubinas, seguindo os exemplos de Irala, Vergara, Nuflo de Chaves e outros do sul do continente.

Nem pareçam entre nós suspeitas as informações que a respeito nos vêm dos padres da Companhia, sempre em luta com os colonos. Os arquivos da Torre do Tombo forneceram os preciosos documentos da primeira visitação do Santo Ofício às partes do Brasil, de 1591-1592. É um quadro impressionante do começo de sociedade que era a Bahia nesse findar de século. É também no segredo inquisitório a mostra minuciosa e completa das mais baixas paixões, que só parece devam existir na decadência das civilizações.

---

* João Daniel. Thezouro descoberto no rio Amazonas. *Rev. Inst. Hist.* tomo II.

Grande número dessas confissões, 45 em 120, referem-se ao pecado sexual. Na população relativamente escassa da cidade do Salvador e do seu recôncavo, a repetição dos casos de anormalidade patológica põe claramente em evidência em que ambiente de dissolução e aberração viviam os habitantes da colônia. São reinóis, franceses, gregos, e a turba mesclada da mestiçagem – mamelucos, curibocas e mulatos – trazendo ao tribunal da Inquisição os depoimentos dos seus vícios: sodomia, tribadismo, pedofilia erótica, produtos da hiperestesia sexual a mais desbragada, só própria em geral dos grandes centros de população acumulada. Sodomita, esse vigário de Matoim, de 65 anos, cometendo atos desonestos com mais de quarenta pessoas, ou esse outro clérigo, Frutuoso Álvares, "homem velho que já tem as barbas brancas", pederasta passivo, assim como o cônego Bartolomeu de Vasconcelos, apaixonado pelos negros de Guiné; e o sodomita incestuoso Bastião de Aguiar, menor de dezesseis anos, que se ajuntava com o irmão mais velho e com um bacharel em artes, natural do Rio de Janeiro; e Lázaro da Cunha, mameluco, que vivera cinco anos entre os tupinambás "despido e tingido", praticando com as índias o pecado nefando; e o cristão novo Diogo Afonso, encontrando-se com o seu cúmplice Fernão "pelos campos e ribeiras"; e João Queixada, morador em casa do governador Dom Francisco de Sousa e que dormia em Lisboa com os pajens do deão da Sé. Tríbade, essa famosa Felipa de Sousa, que conhecia como uma Safo parisiense a arte de "falar muitos requebros e amores e palavras lascivas melhor ainda do que se fôra um rufião à sua barregan" e que conseguiu penetrar, para saciar o vício, num mosteiro de monjas; tríbade também Luiza Roiz, que perseguia na sua fúria as negras da cidade. Pedófilo, o cônego Jacome de Queiroz, deflorador de uma pequena mameluca de seis anos, que vendia peixe pelas ruas; sacrílego erótico, Fernão Cabral de Thayde, que queimara viva uma escrava índia, grávida, e escolhera a igreja de Jaguaripe para os seus ajuntamentos e que diante de uma repulsa declarava, "torcendo os bigodes", que isso tudo eram "carantonhas", que uma bochecha d'água lavava; culpado de bestialidade, Heitor Gonçalves, confessando que sendo menino, de oito a catorze anos e pastor de gado "nesse tempo dormira carnalmente por muitas vezes em diversos tempos e lugares com muitas alimarias: ovelhas, burras, vaccas, eguas etc." e afinal, notável pela sua posição social, o capitão Martim Carvalho, tesoureiro das rendas, amancebado publicamente com um jovem que o acompanhava nas entradas pelo sertão. Esse, tão escandaloso, que fora recambiado para o reino por pecado de sodomia.

Em meio dessas *sujidades*, como dizia Gabriel Soares, chega a destacar-se pela sadia normalidade de suas proezas amorosas, Domingos Fernandes, por alcunha o Tamacuana, mameluco bandeirante de Pernambuco, companheiro de Antonio Dias Adorno, e que simboliza toda a sua época, meio bárbaro, meio civilizado, tatuado de urucu e genipapo, venerador do Papa das *santidades* gentílicas mas "contendo no seu coração a fee de Christo", tudo por fingimento, dizia, "para enganar aquella gente" e trazê-la consigo para a escravidão. Contentou-se em desvirginar duas afilhadas menores e viver, à moda dos selvagens, com o seu harém de cinco ou seis mulheres que a indiada lhe oferecia no sertão.

O vício e o crime não eram, porém, privilégio das camadas inferiores e médias das povoações coloniais nesse fim do século XVI. O francês Pyrard, de Laval, que esteve no Brasil nos primeiros anos do século seguinte, conta uma anedota que lança alguma luz sobre a vida íntima da boa sociedade da época. Andava ele passeando pela cidade "vestido de seda á portugueza e á moda de Gôa que é differente da dos portuguezes de Lisboa e do Brasil", quando se aproximou uma escrava, negra de Angola, trazendo um recado de alguém que desejava falar-lhe. Depois de alguma hesitação e por curiosidade, aceitou o convite "para ver em que dava". "Ella fez-me dar" – narra Pyrard – "mil voltas e rodeios por umas ruas escuras, o que a cada passo me punha em grande terror, e quasi em resolução de não passar mais avante, mas ella me dava animo, e tanto fez que me levou a um aposento mui bello e grande, bem mobiliado e guarnecido, onde não vi mais ninguem senão uma jovem dama portugueza, que me fez mui bom agazalhado, e me mandou logo me aprestar uma mui boa refeição; e vendo que o meu chapeu não era bom, ella com a sua propria mão me tirou da cabeça, e me deu outro novo de lã de Hespanha com uma bella presilha, fazendo-me prometter que tornaria a visital-a, e da sua parte me favoreceria, e me daria gosto em tudo o que pudesse. Não faltei á promessa, e hia visital-a frequentemente emquanto lá estive"...*

Dezenas de anos mais tarde, em 1685, pelo Brasil appareceu o espanhol Francisco Correal, autor de uma "Viagem às Índias Ocidentais", referindo coisas interessantes sobre a mesma cidade do Salvador. "As mulheres", diz o castelhano, "são menos visiveis que no Mexico, devido ao immenso ciume dos maridos; mas são tão libertinas e para satisfazerem as suas paixões põem em pratica toda a casta de estratagemas... Si a precaução dos maridos não impede as intrigas de suas mulheres, a dos paes não evita que as mães prestem seus caridosos soccorros ás filhas, logo que ficam nubeis. É mesmo muito vulgar as mães indagarem das filhas o que ellas são capazes de sentir aos doze ou treze annos de idade e incital-as a fazer tudo o que possa embotar os aguilhões da carne. As virgindades estão em leilão

---

* *Viagem de Francisco Pyrard de Laval* (1601-1611). Trad. portugueza, Nova Goa, 1858.

na cidade do Salvador e alcançam elevados preços, porquanto são colhidas muito cedo"... Em Santos aconteceu-lhe aventura igual à de Pyrard (o que fez Alfredo de Carvalho duvidar da sua autenticidade). Somente aos encontros amorosos ia o espanhol disfarçado em padre.

Quando em 1591 chegou à colônia o licenciado Heitor Furtado de Mendonça, deputado do Santo Ofício, a iniciar a sua primeira visitação, era a cidade do Salvador um extravagante caravançarai, pitoresco e tropical. Aí – dizia o padre Fernão Cardim – "os encargos da consciencia são muitos e os peccados que se comettem não têm conta: quasi todos andam amancebados por causa das muitas ocasiões". Acrescentava, referindo-se ao açúcar dos engenhos: "bem cheio de peccados nasce esse doce...". Pelas ruas da cidade transitava um estranho amálgama de fidalgos, funcionários, soldados, frades, padres, índios e negros. Os homens de condição seguiam a moda espanhola de andarem sempre de preto, com rosários nas mãos, de um lado uma longa espada e de outro um grande punhal; mulheres apareciam raramente, só nas festas religiosas, e pela falta de exercício mal podiam caminhar, apoiando-se nas pajens que as acompanhavam. Como as de Olinda, no dizer de Calado, parecia que sobre as suas cabeças tinha chovido uma chuva de pérolas, rubis, esmeraldas e diamantes. Em contraste, índios mansos e escravos de Guiné exibiam nas ruas e lugares públicos a mais completa nudez. Fora do recinto da cidade, pelo recôncavo e sertão imediato a conquista se fizera, logo depois da administração de Tomé de Sousa, pela concessão de sesmarias feudais, como as de Garcia d'Ávila, que semeou culturas, construiu currais e levantou a célebre casa da Torre vigiando a costa e a indiada suspeita. Aí, nos últimos quartéis do século XVI, ostentava o fidalgo grande luxo, à europeia, com muitos cavalos, criados e escravos. Foi nessa época o tipo do potentado. Residia habitualmente na capital da colônia, como um nababo: andava, diz um cronista, em "cadeirinhas ornadas de sanefas de seda, forradas de veludo vermelho e cobertas de damasco". Ficaram afamados os bailes que dava, em que exibia ricos candelabros de prata e bronze, serviços finíssimos de louça da Índia e da China, alfaias suntuosas. Por toda a parte, porém, a miséria mais relaxada e andrajosa ao lado de cavalhadas vistosas com vestuários de veludo e sedas. Pequeno núcleo, enfim, de devassidão, indisciplina e viver desregrado, desenvolvendo em plena anarquia moral e social os gérmens de desmoralização e depravação de costumes trazidos da metrópole já decadente.*

---

* "Je ne sais si le libertinage est aussi grand par tout le Brésil, qu'il est dans la ville de San Salvador. Les femmes, les plus qualifieés, et celles qui passent pour avoir (cont.)

Em Pernambuco, em fins do século XVI, não era menos curioso o espetáculo. Aí rapidamente tinham desaparecido as riquezas e o brilho dos primeiros tempos. "Desdorou-se esta terra com grande desaforo" – dizia o autor do *Valeroso Lucideno* –: "as usuras, onzenas, e ganhos illicitos eram cousa ordinaria; os amancebamentos publicos sem emenda alguma, porque o dinheiro fazia suspender o castigo; os estupros e adulterios, eram moeda corrente..." Um senhor de engenho, desesperado de tanto depravamento e corrupção, colocou-se em meio da Rua Nova, em Olinda, exclamando em altas vozes: "Aonde estão os irmãos da Santa Casa de Misericordia, tão zelosos das obras de caridade e do serviço de Deus? Venhão aqui para darem sepultura á Justiça, que morreu nesta terra, e não ha quem a enterre honradamente". De fato, acrescentava frei Manoel Calado, os ministros da justiça traziam as varas muito delgadas: "como lhe punham os delinquentes nas pontas quatro caixas de assucar logo dobravam...".

Era essa a sociedade informe e tumultuária que povoava o vasto território cem anos depois

---

(cont.) quelque vertu, n'en font point de scrupule de parer leurs esclaves avec beaucoup de soins afin de les mettre en état de vendre plus cher les infames plaisirs qu'elles donnent: elles partagent ensuite le malhereux profit de la débauche de ces prostituées; l'on peut dire que le vice y règne souverainement". – Dellon. *Nouvelle Relation d'un voyage fait aux Indes Orientales.* Amsterdam.

de descoberto. Do Pará até Cananeia poucos estabelecimentos se desenvolviam, em meio de desertos desolados. Habitavam-no cinco condições de gente, informa o autor dos *Diálogos*, testemunha de vista: os marítimos, os mercadores, os oficiais mecânicos, os salariados, os proprietários rurais – uns, simples lavradores de mantimentos ou criadores de gado, e outros, ricos, senhores de engenho. A camada inferior da população era formada por escravos, indígenas, africanos ou seus descendentes. Caracterizava o europeu o desamor à terra, aquilo que o nosso historiador chamou de transoceanismo: o desejo de ganhar fortuna o mais depressa possível para a desfrutar no além-mar. Gandavo observou, entretanto, que os velhos acostumados ao país não queriam sair mais. Eram certamente os que constituíram a estrutura básica racial, os primeiros colonos – degredados, desertores, náufragos – gente da Renascença, que o crime, a ambição ou o espírito aventureiro fizeram abandonar a Europa civilizada. Apresentavam um produto humano fisicamente selecionado, tendo resistido aos perigos, tribulações e sofrimentos da longa e incerta travessia. Ao se instalarem no país virgem tinham conseguido vencer a hostilidade da natureza e adaptar-se às condições de uma nova existência. Nesta, tinham aceitado mais ou menos a mentalidade e a moralidade ambientes e aprendido com o aborígene os processos de caça, de pesca e de rudimentar agricultura que forneciam o milho, o cará e a mandioca à sua escassa alimentação. São homens, dizia Mello da Câmara, "que se contentam em terem quatro indias por mancebas e comerem os mantimentos da terra". Moralmente, já eram mestiços, observou Capistrano, e essa como que mestiçagem lhes permitiu, na luta em que sucumbiam os fracos e tímidos, a fácil adaptação à vida colonial. Por outro lado, nenhum obstáculo encontravam para a satisfação dos vícios e desmandos que na Europa reprimiam uma lei mais severa, uma moral mais estrita e um poder mais forte. Entregavam-se com a violência dos tempos à saciedade das paixões de suas almas rudes.

Uma delas foi a lascívia do branco solto no paraíso da terra estranha. Tudo favorecia a exaltação do seu prazer: os impulsos da raça, a molícia do ambiente físico, a contínua primavera, a ligeireza do vestuário, a cumplicidade do deserto e, sobretudo, a submissão fácil e admirativa da mulher indígena, mais sensual do que o homem como em todos os povos primitivos, e que em seus amores dava preferência ao europeu, talvez por considerações priápicas, insinua o severo Varnhagen. Procurava e importunava os brancos nas redes em que dormiam, escrevia Anchieta.* Era uma simples

---

* "Las mujeres andan desnudas y no saben negar a ninguno, mas aun ellas mismas acometen y importunan los hombres achando-se con ellos en las redes; porque tienen por honra dormir con los xianos...". Carta a Laynes (?).

máquina de gozo e trabalho no agreste gineceu colonial. Não parece que nenhuma afeição idealizasse semelhantes uniões de pura animalidade. De uma refere o viajante Jean Moucquet o fim impressionante. Uma indígena, abandonada pelo amante europeu com quem vivera longos anos, vendo-o partir numa caravela de passagem, matou o filho comum, cortou-o em duas partes e lançou uma destas ao mar como que entregando ao homem a porção que lhe pertencia. A bordo perguntaram a este quem era essa mulher, ao que respondeu: não é ninguém, é uma índia sem importância.

De fato, só o macho contava. A mulher, acessório de valor relativo, era a besta de carga, sem direitos nem proveitos, ou o fator incidental na vida doméstica. Fenômeno androcêntrico, de origem portuguesa e indígena, que por tanto tempo perdurou na evolução étnica e social do país. Não o modificou, ou antes, o acoroçoou a passividade infantil da negra africana, que veio facilitar e desenvolver a superexcitação erótica em que vivia o conquistador e povoador, e que vincou tão profundamente o seu caráter psíquico.

Outra paixão, porém, o dominava. Outra, ainda mais tirânica. – A cobiça.

II

A COBIÇA

"Si vos perguntam porque tantos riscos se correram, porque se affrontaram tantos perigos" – escreve o poeta de *Y-Juca-Pyrama* – "porque se subiram tantos montes, porque se exploraram tantos rios, porque se descobriram tantas terras, porque se avassalaram tantas tribus: dizei-o – e não mentireis: foi por cubiça". – Cobiça insaciável, na loucura do enriquecimento rápido.

A emigração para as Índias e para todo o Oriente aliava ao amor do ganho e ao instinto de mercancia essa *gloria ingente* de que falava Camões e que tão galhardamente souberam conquistar os Gamas, Almeidas, Castros e Albuquerques. O fragor das armas nas lutas contra infiéis e mouros disfarçava os conciliábulos dos mercadores, negociando tratados e contratos comerciais. O nervo eram os canhões, a alma a pimenta, resumiu Oliveira Martins: *Tam Marti quam Mercurio*. Para o Brasil – já o vimos – só vinha por sua própria vontade o aventureiro miserável, resolvido a tudo, o *desperado*, na expressão inglesa.

Os combates travados não eram as emplumadas e vistosas pelejas da Ásia e da África, mas a luta inglória e obscura contra o gentio insidioso, misérrimo e obscuro, e contra a hostilidade da natureza. Diante dos esplendores da conquista do Oriente, na metrópole ninguém pensava na terra dos bugios, saguis, papagaios, araras e pau-de-tinta. O Brasil, disse Southey, foi descoberto por acaso, e ao acaso o deixaram durante longos anos. No primeiro quartel do século XVI, o governo português não cuidou de se estabelecer no território recém-achado. Pelos desertos do litoral mercadejava em escravos, madeiras e animais o colono isolado, vivendo, no seu sonho de pioneiro, da caça, das frutas e mantimentos da terra. Foi, já o dissemos, a época dos degredados, dos criminosos, dos náufragos, dos grumetes rebelados. Individualismo infrene, anárquico pela "volatização dos instintos sociais", cada qual tendo no peito a mais formidável ambição que nenhuma lei ou nenhum homem limitava, e entregue ao encanto da novidade e da surpresa. Como exclusiva preocupação, viver livre e dominar; como único alento, a miragem que então incendiava a imaginação do mundo inteiro de não estar muito longe, mas sempre intangível, o maravilhoso Dorado, senhor da lagoa de prata de Manoa e da cidade do Ouro rodeada de montanhas reluzentes de pedrarias. Lenda continental que por toda parte se espalhara, como o Dorado dos Paytitis, na região dos Mojos e Chiquitos, o Dorado dos

Césares, na Patagônia e no Chaco, o Dorado das Siete-Ciudades, no Novo México, e até nas grandes planícies da América do Norte, o Dorado de Quiriza.

A conquista de Quito e de Cuzco como que confirmava esse sonho. Tornava-se realidade palpável o país encantado em que, diziam, "pisan las bestias oro y es pan cuanto se toca con las manos". Por toda a América se apregoava a nova dos tesouros fabulosos levantados da terra pela espada sanguinolenta dos Cortezes, dos Pizarros, dos Valdivias. Açulava ainda mais esse frenesi o dogma geográfico de que sempre no Oriente mais ouro e prata escondia a natureza. Se o Peru e o Potosí eram o que a fama repetia, ainda maiores riquezas deviam conter os territórios a leste dos Andes. "O Oriente é mais nobre que o Occidente e portanto o Brasil mais opulento que o Perú", dizia o autor do "Dialogo das grandezas do Brasil".

A prata do Potosí foi assim durante séculos a grande miragem que atraía as populações do litoral atlântico ou das que se achavam já mais terra a dentro. A história ainda não desvendou o mistério das relações entre a costa oriental do continente e os países transandinos, desde os trilhos pré-históricos das migrações em direção leste vindas da Melanésia, Polinésia ou Austrália, até as expedições em sentido inverso de Aleixo Garcia, Ayalas, Gaboto e outros que parece tinham notícia dos caminhos para as minas lendárias da prata. As comunicações existiam sem dúvida. Na Argentina há indícios de ocupação incásica. Desde os princípios da colonização sul-americana, da costa do Pacífico, mais povoada de brancos, aventureiros embrenhavam-se até a costa à procura do mar oriental, através do Paraguai e do Paraná. Da contiguidade do Peru, por seu turno, vinha a obsessão do Potosí ou da prata, mais viva e anterior à do ouro, nas preocupações ambiciosas dos pioneiros da colônia portuguesa. A *Gazeta Alleman*, de 1544, tão discutida, já se refere a um povo das serras, "rico de armaduras feitas de chapas de ouro, muito delgadas, que os combatentes levam sobre o peito e na testa". E a uma comunicação transcontinental alude a estranha carta de Diogo Nunez, narrando a Dom João III uma viagem à província de Machifalo em 1530, acompanhando o capitão Alonso Mercadillo. "Em esta provincia de Machifalo que eu vi" – escrevia Nunez – "se podem povoar cinco ou seis villas muy ricas porque sem duvida ha nella muito ouro" havendo porém "muita terra que andar, e sahida por São Vicente".* Para a

---

* A carta de Nunez é de 1552 ou 1553, doze ou treze anos depois da expedição a Machifalo, nome que mais tarde desapareceu das cartas geográficas e que parece não ser longe das grandes ilhas do Solimões. Por essa mesma época assinala-se no Peru a chegada de 150 índios vindos de terras brasileiras, ou pelo Rio Maranhão ou pelo Paraguai. Traziam crianças e mulheres; dizia ter gasto doze anos na viagem. (Jimenez de la Espada – *La jornada del capitan Alonso Mercadillo*).

gente do Pacífico a lenda também contribuía para a ilusão das riquezas orientais situando neste lado das cordilheiras, nas matas que escondiam os rios imensos, o país das maravilhas que Raleigh veio a descrever. A realidade porém era outra nesse áspero começo de vida civilizada. Nenhuma organização, nenhum auxílio; apenas de vez em quando uma nau passageira surgia no curto horizonte. Era um pirata francês, ou gente procurando aguada e refresco em caminho das Índias, ou embarcações desgarradas das expedições primeiras trafegando as feitorias da costa.

As lutas com os franceses ocuparam os primeiros tempos. Foram ferozes. Em 1527 as cinco caravelas e uma nau de Cristóvão Jacques percorrem as costas de Pernambuco, Bahia e talvez Rio de Janeiro, numa guerra de extermínio aos entrelopos, enforcando prisioneiros, enterrando outros até os ombros para servirem de alvo aos arcabuzes portugueses. Os fatos demonstraram que tudo era inútil, sem se povoar o país. Os piratas afastavam-se para recomeçar em seguida. Foi quando a metrópole cogitou da empresa colonizadora que ia confiar a Martim Afonso, e que veio iniciar com cunho oficial a exploração do interior, como a dos quatro homens que percorreram o interior do Rio de Janeiro e que deram novas "de que no rio do Paraguai havia muito ouro e prata", e a de Cananeia, sob o comando de Pero Lobo, trucidada pelos selvagens de Curitiba. O mais era a luta contra a natureza hostil ou adormecedora e contra o índio inimigo.

O encanto do primeiro encontro com a terra desconhecida desaparecia aos poucos para ser substituído por uma dura realidade em que o colono se via "abafado pela matta virgem, picado por insectos, envenenado por ophidios, exposto ás feras, ameaçado pelos indios, indefeso contra os piratas".*Pode-se dizer que somente o governo de Tomé de Sousa apresenta um começo de organização para a conquista da terra, iniciando o período administrativo da exploração da colônia. Período das grandes expedições oficiais como a de Brusa de Spinosa, a de Vasco Rodrigues Caldas, a de Martim Carvalho, de Sebastião Fernandes Tourinho, de Antonio Dias Adorno e a que Gabriel Soares

---

* A terra defendia-se, para assim dizer. A sua salubridade, tão apregoada pelos primitivos cronistas, parece exagerada nesses primeiros entusiasmos. As cartas jesuíticas da época queixam-se a miúdo dos calores e frios excessivos que atormentavam os padres em suas viagens. Anchieta refere-se ao vento sul que varria os descampados de Piratininga. Cardim o encontrou na sua visitação, cansado e enfermo. Na carta de Luiz Ramirez, de 1528, conta ele que nas vizinhanças de Santa Catarina, onde esteve três meses e meio construindo uma galeota, adoeceram todos os companheiros, dos quais morreram quatro "en que era la tierra tan enferma que á todos los llevó por un rasero". *Rev. Inst. Hist.* vol. XV, p. 23.

organizou mas não conseguiu realizar. Eram essas expedições, observa Calógeras, um elemento de criação legal – ocupação quase pacífica em que o ímpeto guerreiro dos sertanistas se limitava à escravização do aborígene rebelde, desde que o não pudesse seduzir para o trabalho da sua lavoura. Esse aspecto diferencia essas entradas da conquista violenta que ensanguenta a crônica dos invasores castelhanos nas outras regiões do continente.

As entradas pioneiras ou de resgate, abrindo-se em leque das costas marítimas em diferentes diretrizes à procura dos sertões, formaram o grande processo de exploração e povoamento que é a própria história do país. Martius aconselha a quem a quiser a divisão em grupos das antigas capitanias, separando a natureza física dos vários territórios da colônia. Assim, converge a história de São Paulo, Minas, Goiás e Mato Grosso; a do Maranhão se liga à do Pará, e à roda de Pernambuco formam um grupo natural o Ceará, Rio Grande do Norte e Paraíba; a história da Bahia é finalmente a de Sergipe, Alagoas, Porto Seguro e de parte do Piauí e Maranhão.

Para uma síntese, esse método permite do mesmo modo agrupar o movimento bandeirante em diversos núcleos de influência e penetração, que, seguindo e ligando rios, desvendavam e exploravam o interior da terra. Será assim possível reunir e resumir a nossa expansão geográfica da maneira seguinte:

a. bandeiras paulistas, ligando o Paraná ao Paraguai, e pelo Guaporé, Madeira, Tapajós e Tocantins atingindo o Amazonas (o Xingu, pelas más condições de navegabilidade, nunca foi frequentado); bandeiras paulistas, ligando o Paraíba ao São Francisco, ao Parnaíba e Itapicuru até o Piauí e Maranhão por um lado; ligando o São Francisco, o Doce, o Paraibuna, ao Paraíba do Sul, galgando a serra dos Órgãos, para terminar na Guanabara; bandeiras paulistas, entre a Serra do Mar e o Paraná, todas elas atravessando o Uruguai para o Rio Grande do Sul;
b. bandeiras baianas, ligando o São Francisco ao Parnaíba e chegando ao Maranhão pelo Itapicuru; bandeiras baianas, ligando o São Francisco ao Tocantins; bandeiras baianas, que indo do Serro e Minas Novas procuravam o Rio pelo caminho da terra do ouro;
c. bandeiras pernambucanas entre o Capibaribe e Serra de Ibiapaba, muito menos importantes que as duas anteriores, traçadas a menor distância do litoral, pelo sertão "de fora", recebendo muita gente diretamente do litoral, subindo os rios que nele desembocam;

d. bandeiras maranhenses, de pouco alcance, ligando o Itapicuru ao Paraíba e São Francisco, e o Parnaíba às terras aquém do Ibiapaba;
e. bandeiras amazônicas, que pelo Madeira se ligaram às de São Paulo; alcançaram os limites do Javari e ocuparam a Guiana.*

Por toda a parte o aventureiro corria atrás da prata, do ouro e das pedras preciosas, que durante quase dois séculos não foram senão ilusões e desenganos. Compensava a esterilidade do esforço a descida do indígena. Entrelaçavam-se e confundiam-se assim bandeiras de caça ao gentio e bandeiras de mineração. Quando se dissipava a miragem da mina, ficava como consolo o índio escravizado: "estes, Senhores" – escrevia o padre Vieira –, "são as minas certas deste Estado, que a fama das de ouro e prata sempre foi pretexto, com que aqui se iam buscar as outras minas que se acham nas veias dos indios, e nunca as houve na terra". Na verdade, as notícias vagas de riquezas escondidas nos sertões ainda eram meras promessas. O bom senso prático de alguns administradores chegou a duvidar do sucesso dessas empresas. Em 1551 o experimentado Tomé de Sousa, desiludido de tanta tentativa inútil, aconselhava ao poder real: "eu

---

* Devo este esquema a uma nota magistral e inédita de Capistrano de Abreu.

algumas (entradas) farei mas ha de ser com muito tempo e pouca perda de gente e fazenda... que não ey de falar mais em ouro se não o mandar a vossa Alteza". E nos primeiros anos do século XVII escrevia ao rei o governador da repartição do Norte, D. Diogo de Menezes; "creia v. m. que as verdadeiras minas do Brasil são açúcar e pau brasil de que v. m. tem tanto proveito, sem lhe custar de sua fazenda um só vintem".

Para sustentar a quimera do ouro que foi a loucura da época, sempre latente e insistente em todos os empreendimentos, era, no entanto, necessário viver e trabalhar a terra para o sustento diário: daí por todo o século XVI o lento progresso da lavoura incipiente e do comércio rudimentar. Como vimos, a princípio vivia o europeu de caça, pesca e frutas, que eram a base da sua alimentação. Em 1511, porém, já iniciava alguma exportação: a nau Bretoa, nesse ano, levava para Portugal cinco mil toros de pau-brasil, e os animais domésticos que o índio chamava "mimbabo", como 22 tuins, dezesseis saguis, dezesseis gatos, quinze papagaios, três macacos – e quarenta peças de escravos. Fundaram-se feitorias, toscos galpões assentes em meio de estacadas para evitar surpresas; alguns edificavam casas; começava a agricultura de gêneros exportáveis, o açúcar, o fumo etc. Desta fase é característico o gado miúdo – galináceos, porcos, cabras, ovelhas, o "federvieh" dos alemães. Equinos e bovinos ainda raros. A economia naturista movimentava com lentidão a permuta dos produtos; faziam-se os pagamentos em sal, ferramentas, fazendas, nunca em dinheiro contado. Era o que Bucher chama a economia fechada ou doméstica: produtor e consumidor são idênticos. O próprio arrematante dos impostos pagava-se em gêneros. Frei Vicente do Salvador conta a respeito a história de um bispo de Tucuman que de passagem estivera algum tempo no Brasil. Este bispo via que quando mandava comprar um frangão, quatro ovos e um peixe para comer, nada lhe traziam porque não se achava na praça nem no açougue e, se mandava pedir as ditas cousas e outras mais às casas particulares, lhe as mandavam. "Verdadeiramente", dizia o bispo, "nesta terra andam as coisas trocadas, porque ella toda não é republica, sendo-o cada casa."

A cultura do açúcar aumentou rapidamente: criaram-se primeiro os engenhos de São Vicente e Pernambuco, mais tarde os da Bahia. Em 1581, estes últimos já exportavam 120 mil arrobas; de Pernambuco nesse mesmo ano partiam 45 navios carregados de açúcar e pau-brasil. Em 1611, dizia Pyrard, não há lugar no mundo onde se produza açúcar com tanta abundância: fala em quatrocentos engenhos na costa do Brasil, de Itamaracá a Itanhaém. Deve ser exagero. Por essa época, diz Capistrano, as sedes das capitanias, mesmo as prósperas, eram simples lugarejos. A prosperidade relativa de Pernambuco e a sua riqueza que tanto admirou Fernão Cardim foi motivada antes pela situação geográfica mais próxima da metrópole do que pelo desenvolvimento das culturas. Chamou Duarte Coelho à sua Capitania "Nova Lusitania", e era de fato, como observa Oliveira Lima, um prolongamento da antiga, um Portugal americano. Destacava-se dentre as outras pelo ar civilizado que lhe emprestava a proximidade das terras de além-mar.

O pastoreio teve influência mais funda e de maiores consequências. Facilitou a conquista e o povoamento do solo: só depois de próspera a criação puderam ser tentadas as minas. Antes, morreriam de fome os mineiros no deserto. Logo nas primeiras frotas colonizadoras chegou a Pernambuco, Bahia e São Vicente gado vacum importado das ilhas de Cabo Verde. As expedições que procuravam o interior espalhavam os currais pelos sertões pernambucanos, baianos e sergipanos, indo até o sul do Ceará e do Maranhão. Daí vinha ao centro de consumo pelo próprio pé. Cardim já falava em proprietários que tinham quinhentas ou mil cabeças. No extremo Sul o gado aparece pela primeira vez em 1556 quando – narra Southey – o capitão Juan de Salazar trouxe da Andaluzia para o Brasil sete vacas e um touro. Os animais foram transportados até o rio Paraná e depois em jangada até Assunção. Dessa ponta de gado e do importado do vice-rei do Peru deve-se ter espalhado pelo sul de Mato Grosso e pelas reduções jesuíticas o grande rebanho que rapidamente inçou os campos e pantanais dessas regiões. Em São Vicente, nos campos de Piratininga, se desenvolvia também a criação, importada diretamente e aproveitando os pastos excelentes dos latifúndios de serra-acima: Gabriel Soares diz "que as outras capitanias alli se iam prover de vaccas para criarem". No Norte, o gado acompanhou o curso do São Francisco, nas margens pernambucana e baiana. Em seguida, outros caminhos se tornaram necessários, partindo do grande rio civilizador. Nessa penetração, em que o sertanejo teve de lutar com mil dificuldades, desde a seca e o índio inimigo até a falta de alimentos, como a farinha e o milho, constituiu-se um meio especial que Capistrano de Abreu denominou a "época do couro". "De couro era a porta das cabanas, o rude leito applicado ao chão duro, e mais tarde a cama para os partos; de couro todas as cordas, a borracha para carregar agua, o mocó ou alforge para levar comida, a maca para guardar roupa, a mochila para milhar cavallo, a peia para prendel-o em viagem, as bainhas de faca, as broacas e surrões, a roupa de entrar no mato, os banguês para cortume ou para apurar sal; para os açudes, o material de aterro era levado em couros puxados por juntas de bois que calcavam a terra com seu peso; em couro pisava-se tabaco para o nariz."

Nos sertões do Norte ia ter o Paulista a sua missão povoadora ligada à indústria pastoril.

Ameaçados pelo gentio revoltado e pelos negros dos Palmares, os governadores-gerais recorreram à fama guerreira de bandeirantes de São Paulo. Dessas expedições longínquas muitos não voltaram ao altiplano natal; afazendavam-se, imobilizados no seu nomadismo por um fenômeno constante nas populações pastoris, que o gado retém e fixa.

Apesar do desenvolvimento agrícola em certas capitanias, culminando com várias vicissitudes na exploração pernambucana e baiana da cana-de-açúcar – e concomitantemente com o estabelecimento dos currais de gado –, o Brasil foi, entretanto, na lenda e na realidade, o país do ouro e das pedras preciosas.

O sertão vivia como ainda vive hoje, inexplorado, guardando em seu arcano, para o escoteiro, a esperança de todas as possibilidades. A sua história, nas suas linhas gerais, será a história dos catadores, faiscadores e lavageiros de ouro, da prata e das pedrarias. Atrás dessa ambição correram as bandeiras por toda a vastidão da terra desconhecida. Guerra com o estrangeiro só tivemos nos primeiros tempos as que provocaram as tentativas de colonização francesa de Villegaignon e La Ravardière, os rápidos ataques dos corsários ingleses e os trinta anos de luta, circunscrita, isolada, da invasão holandesa. O mais, durante tão longos anos, foi o cativeiro do gentio, e com altos e baixos, a febre do ouro e da riqueza mineira. Obsessão diabólica. Dinamismo formidável de uma época, de uma raça e de um novo tipo étnico, convergindo numa ideia fixa, avassaladora. Ouro. Ouro. Ouro.

A essa verdadeira pandemia só escaparam duas classes de colonos: os padres da Companhia e os parasitas sedentários da burocracia metropolitana. Estes, pela estupidez vegetativa dos governos coloniais, capitães-mores, fidalgotes, desembargadores, ouvidores, bispos, toda a complicada máquina administrativa que já começara a sugar a energia do velho Portugal. Aqueles, pelo derivativo da fé missioneira, em que no desenfreamento das paixões do Novo-Mundo o jesuíta representou o poder moderador, o elemento de cultura moral, de exaltado misticismo com que aqui chegaram os primitivos missionários de Coimbra e Évora. Não cabe nas considerações resumidas deste ensaio indagar melhor da influência do jesuíta na formação da nossa nacionalidade. Passados os tempos primitivos e apostólicos em que desembarcaram com Tomé de Sousa os primeiros padres, a ação da Companhia, amoldando-se à forma da sociedade, à rebeldia dos insubmissos, foi sempre ativa, direta, constante, exercendo-se em cada família e cada indivíduo para ser eficaz sobre a coletividade. Pregavam pela palavra e pelo exemplo: a abnegação, o desprendimento de si foram entre eles qualidades nunca desmentidas. O que foi a luta contra os interesses, as ambições, a devassidão da sociedade, a cobiça dos colonos indica-o perfeitamente a crônica das dissensões entre piratininganos, maranhenses e os padres, quando as incursões a pretexto de defesa contra o índio e de catequese se transformaram em expedições escravocratas procurando o gentio como objeto de comércio.

Esses conflitos seculares põem em evidência os vícios e virtudes tão peculiares ao tipo do bandeirante de São Paulo. É uma entidade histórica que aos poucos surge da legenda que lhe criaram os seus admiradores ou os seus detratores. Ânsia de independência levada até o motim e a revolta, excessos e bruteza de homens de engenho rudes, escrúpulos exíguos, fortaleza física apurada pela endogomia e seleção num meio propício, ambição do mando que o isolamento da montanha desenvolvia, ganância de riqueza rápida a que não era estranha a influência semítica dos cristãos-novos de São Vicente e Piratininga, ausência de elementos alienígenas, consequente predominância dos fatores indígenas na cruza e no pessoal das expedições do sertão – fenômenos e condições que deram ao movimento das bandeiras paulistas uma feição específica no desenvolvimento da história do Brasil. Foram pretexto para uma lenda de que são responsáveis os historiógrafos regionais; tiveram inimigos terríveis que foram os cronistas da Companhia. Representam, porém, uma força de heroísmo anônimo e individualista, decisiva na integração do território. Traço frisantemente característico foi o seu bairrismo, no sentido de iniciativa privada, em contraposição às expedições oficiais ou oficiosas das outras regiões do país, e como auxílio que ao branco prestava o mameluco, elemento nuclear das populações do planalto.

No anseio do enriquecimento cometeram todos os crimes que os homens dessa época praticavam para satisfação das suas paixões. Vindo da mesma origem metropolitana, a Índia já lhes era uma escola de barbárie e imoralidade: *"Caelum, non animum mutant, qui trans mare currunt"*. Nada se parece tanto com uma entrada despovoadora dos sertões do Paranapanema, dirigida por um Manoel Preto ou um Antonio Raposo, como um ataque de soldados portugueses a povoações asiáticas. Desciam aí dos navios que não se afastavam como refúgio assegurado, e repartiam-se sob duas ou três bandeiras nas quais avultava a imagem da cruz. Entrada a povoação inimiga, todo o ser vivo era metido à espada – velhos, mulheres, crianças, e até animais. Depois da matança começava o saque. Às vezes o gentio recalcitrava. Em 1586, na costa do golfo Pérsico, depois de atacada e salteada uma aldeia cafre, quando os soldados já voltavam carregando crianças e pobres alfaias, cento e tanto pretos perseguem os atacantes, matam mais de cinquenta, dos quais doze capitães e o velho D. Francisco de Almeida, primeiro vice-rei das Índias.*

---

* *Memórias de um soldado da Índia*, compiladas por A. de S. S. Costa Lobo. Lisboa, 1877.

Não era menos inglória a guerrilha da bandeira paulista. De formação menos vistosa, o teatro das façanhas era o deserto hostil e insondável. Daí lhe vem o seu principal título de glória que foi a luta contra a natureza de que fazia parte o índio indefeso mas fugidio, invisível e envolvente. No glorioso anonimato dessas expedições, poucas deixaram a sua história consignada n'algum roteiro ou diário. Afundavam-se pelos sertões, desapareciam, até que poucas palavras num pedaço de papel, como testamento ou inventário, anunciassem aos parentes o fim desconhecido do pioneiro. "Morto no sertão" é o estribilho consagrado nesses documentos, sem mais informações. Conhecemos as curtas narrativas de uma dessas entradas, e essa já num período mais adiantado da exploração do país, quase ao findar a grande expansão bandeirante. Heroicamente, se resume em poucas palavras. Trata-se de 35 homens que partiram para o sertão, capitaneados por Pantaleão Rodrigues. Subiram o Rio das Contas, à procura de ouro. Deram logo com rasto de gentio; uns recuaram, os restantes continuaram. Saíram – diz a informação – no fim de dois meses, numa maior mancha de mato, com perda de alguns, fatigados do caminho, e outros, abandonados ao desamparo por debilitados de forças. Já a este tempo os companheiros da entrada só eram onze, sem mantimentos, com pouca pólvora, sem bala ou munições para caçarem, o que era pior, com rumo e tino perdidos. Continuaram, porém, procurando sempre o rio, para certeza do peixe e para não perderem a água, tendo já por impossível o se poderem retirar. Aos cinco meses de viagem, já eram cinco os bandeirantes. Só dois foram mais tarde socorridos de uma fazenda próxima, quando um morador, vindo a vaquejar um gado amontado, deu com os dois corpos deitados, parecendo mais cadáveres que vivos. Tinham gasto oito meses na viagem e percorrido mais de duzentas léguas.

No desbravamento dos sertões a bandeira foi sempre uma empresa concebida e organizada para a exploração de negócio. O granjeio do índio escravizado e vendido nos mercados de beira-mar ou utilizado nos latifúndios do planalto preparou e tornou possível as entradas de mineração que rapidamente se multiplicaram à procura de ouro – ou na ilusão do ouro, como disse Preschel. Com essa miragem, o movimento bandeirante se intensificou em São Vicente e nos campos da Serra do Mar, irradiando-se num sem-número de expedições. Apesar de toscamente aparelhados, percorreram quase que todo o continente em correrias que representam um esforço gigantesco. Manoel Dias da Silva é assinalado perto de Santa Fé, na Argentina, assim como Rodrigues de Arzão na Colônia do Sacramento; Domingos Barbosa Calheiros e o mesmo Arzão, André Fernandes, Manoel de Campos Bicudo, no Paraguai; na Bolívia, junto a Sucre, Antonio Raposo Tavares, Antonio

Castanho da Silva e João Ramalho de Almeida, e mais ao norte, na vizinhança de Santa Cruz de La Sierra, Antonio Ferraz de Araújo, Manoel de Frias e Gabriel Antunes Maciel; no coração do Peru, em caminho de Cuzco, e mais além da Nova Granada dos conquistadores espanhóis, procurando talvez o Pacífico, esse extraordinário Antonio Raposo Tavares, de quem já se disse parecer demasiado o que fez para caber dentro da vida de um homem só.*

Deste conhecemos, por testemunho coevo, uma informação do próprio padre Vieira, numa carta de 1654 e até ultimamente inédita, dirigida ao Provincial do Brasil. Encontrou-o o jesuíta no extremo Norte, depois de uma de suas arremetidas contra as reduções do Paraguai, onde, além do extermínio de milhares de índios, matara um dos padres da Companhia. "O matador" – dizia Vieira – "ao tempo que isto escrevo, está no Pará, e se aponta com o dedo, e os que governam o ecclesiastico e o secular, posto que o conheçam, o deixam andar tão solto e tão absolto como os demais." Quando os viu o jesuíta, tinham os bandeirantes percorrido uma grande parte do interior da América, gastando três anos e dois meses nesse "grande rodeio", e navegando mais de três mil léguas de rio. Os seus crimes,

---

* Affonso de E. Taunay. *Ensaio de Carta Geral das Bandeiras Paulistas.*

que Vieira assinala, não deslustravam o valor da façanha, "uma das mais notáveis que até hoje se tem feito no mundo, ...como dos Argonautas contam as fábulas, com exemplo verdadeiramente grande de constância e valor...". Ao chegarem ao Guaporé eram apenas, sob as ordens do Mestre de Campo, 59 paulistas e algum gentio.

O ouro brasileiro defendia-se, entretanto, pelos obstáculos naturais que surgiam diante dos passos dos mineradores: escondia-se traiçoeiro na trama impenetrável das matas do deserto. Mas nem perigos, fadigas ou desilusões esmoreciam a paixão dos aventureiros. Os bandos embrenhavam-se ininterruptamente pelo interior profundo e por toda parte o sertanista pervagava, sem rumo, na alucinação do precioso metal. Assim, Fernão Dias, no sonho das esmeraldas de Sabarabussu, trilhando sem o saber as aluviões riquíssimas do Rio das Velhas; assim o Anhanguera, procurando durante anos pelos chapadões de Goiás os Martírios com que sonhara, menino. Heróis de uma heroicidade instintiva, cotidiana e desordenada, farejando os sertões para que os outros se aproveitassem da caça, faltava-lhes, no entanto, o pessoal e o aparelhamento técnico indispensáveis a tais empresas.* No começo do século XVII, Diogo

---

* "Mal pode descobrir e entabolar minas quem não sabe o que ellas são, que os sujeitos que até agora se haviam escolhido para estes descobrimentos não tinham sciencia alguma dellas." Rel. do Governador Antonio Paes de Sande, 1693...

Botelho e D. Francisco de Sousa, em São Paulo, tentaram uma organização prática da bandeira de mineração. Do último, a morte lhe interrompeu os preparativos já adiantados. Dezenas de anos mais tarde, D. Rodrigo de Castel Blanco e Mathias Cardoso, com as mesmas ideias de melhor preparo técnico, são obrigados a carregar em rede o perito João Alves Coutinho, da Bahia. Ao bandeirante em geral bastavam a sua resistência física e a teimosia insistente e impulsiva que o empurrava sempre para mais longe. A explicação dessa desproporção entre os resultados práticos obtidos e o esforço descomunal despendido está na resistência passiva da natureza escondendo o ouro na hostilidade do clima, da mata, do deserto, e na ignorância técnica dos pioneiros. A fascinação da mina, porém, invadira o Brasil inteiro. A obsessão foi contínua, espalhada por todas as classes, como uma loucura coletiva.

Esse característico na formação da nacionalidade é quase único na história dos povos. Os agrupamentos étnicos da colônia – os mais variados, de norte a sul – não tiveram outro incentivo idealista senão esse de procurar tesouros nos socavões das montanhas, e nos cascalhos dos córregos e rios do interior. Outras terras pelo mundo sofreram também dessa vertigem do ouro. A Colônia do Cabo, a Austrália, a Califórnia conheceram a loucura das minas fabulosas, mas a febre se extinguia rapidamente, como um incêndio, para se transformar no industrialismo das minas e explorações comerciais. As próprias lendas – observa Martius – que na Europa fornecem à poesia popular todo um mundo de fadas, cavalheiros, duendes e espectros, no Brasil primitivo consistiam em histórias fantásticas de riquezas escondidas, minas de pedrarias e tesouros enterrados nos sertões longínquos. Assim narra o cronista o caso do índio que prometera levar um grupo de pioneiros portugueses até uma mina "de ouro limpo e descoberto" muitas léguas pelo sertão adentro de São Vicente. Receava, porém, mostrá-la porque todos morriam quando a queriam revelar aos brancos. Esse também pagou a sua pena, porque quando amanheceu o encontraram morto, assim como a todos os mais que tentaram violar o segredo da natureza. Foi essa, simbolicamente, a história do ouro no Brasil. Durante dois séculos o sacrifício de vidas ou o esforço dos homens foi inútil e infrutífero. Apenas, em um ou outro ponto, algum faiscador mais feliz enriquecia à custa do ouro de lavagem como no Jaraguá, em São Paulo, Afonso Sardinha, o moço, que dizem deixou em testamento 80 mil cruzados de ouro em pó escondidos em botelhas de barro enterradas. O resto era miragem, ânsia de riqueza, ambição insatisfeita.

Só na última dezena do século XVII se desvendaram ao mundo as minas riquíssimas das Gerais. Ia começar, então, um novo drama.

Southey escreveu uma página admirável sobre desvario dos buscadores de ouro. Viviam num contínuo sonho de esperança, vítimas de uma espécie de loucura, forma aguda e crônica da doença que é a paixão do jogo. Homens de reputada prudência, mesmo parcimoniosos, rapidamente transformavam a avareza em prodigalidade. Na obsessão da ideia fixa, tudo convergia para a sua realização; tudo lhes indicava, razoável ou fantasticamente, a proximidade do tesouro encoberto, o simples aspecto e tamanho de um morro, ou a qualidade da erva que o cobria. O dia seguinte podia ser a compensação de anos e anos de penosos e pacientes trabalhos. O que se passou entre nós foi a confirmação desse milagre possível que é a própria vida do minerador. As circunstâncias iam favorecê-lo: o ouro não se escondia nas profundezas da terra, aflorava facilmente, com menos dispêndio de capital e de trabalho e com menos risco e maior lucro do que em outras partes do continente.

Pelos anos de 1690, conta Antonil-Andreoni, um mulato de Curitiba encontrara no riacho chamado Tripuí uns granitos cor de aço, que vendeu em Taubaté a Miguel de Sousa: era ouro finíssimo. Algumas bandeiras paulistas que andavam à procura de índios a escravizar, e levando talvez das lavras do litoral mineiros mais práticos, tiveram em seguida a revelação deslumbrante da riqueza aurífera da região.

Pouco tempo depois, entre 1694 a 1697, se descobrem as minas de Itaberaba, na passagem da bacia do Rio Grande para o Doce; daí estenderam-se as pesquisas para as imediações da Serra de Itatiaia e de Itacolomi ou Ouro Preto. Para os mineradores, os resultados destas explorações foram surpreendentes. A fama das descobertas em 1698 já se espalhava por todo o Brasil; as transmigrações se avolumaram rapidamente: das cidades, vilas, recôncavos e sertões afluíam brancos, pardos, preto e índios, conta uma testemunha da época. A mistura era de toda a condição de pessoas: homens e mulheres, moços e velhos, pobres e ricos, nobres e plebeus, seculares e religiosos. O próprio governador do Rio, Arthur de Sá e Menezes, abandonando posição e deveres, parte para as descobertas, associa-se com mineiros e atira-se como um aventureiro à procura do precioso metal: só volta quando se julgou rico. Forasteiros chegavam às cidades marítimas como tripulantes de navios, forjavam passaportes e fugiam em demanda do sertão.* O ouro das minas do Sul, disse Rocha Pitta, foi a pedra ímã da gente do Brasil. Foi a vertigem mineira, o desvario que em outros tempos vieram a conhecer os pioneiros da Califórnia ou os "prospecters" do Alasca. A metrópole, corrigindo erros anteriores, organizava às pressas o seu sistema de tributação, modificando-o segundo a maior ou menor resistência dos povos: por bateia, por fintas, por quintos e, em último caso, pelos rigores

---

* André João Antonil. *Cultura e opulência do Brasil.* Lisboa. 1711.

da capitação. O ouro dava para tudo e para toda a gente; além do minerador, enriquecia o fisco, as administrações, a corte e o rei de Portugal.

Como que para açular a ambição dos que o procuravam, variava de qualidade: ouro preto, tendo na superfície, antes de ir ao fogo, uma cor semelhante à do aço: por dentro, diziam, tinha reflexos que pareciam raios de sol; ouro do Ribeirão, competindo na qualidade com o ouro preto e alcançando 22 quilates; ouro do ribeiro de Bento Rodrigues, inferior aos precedentes; ouro do ribeiro do Campo e do ribeiro de Nossa Senhora de Monteserrate, grosso e muito amarelo; ouro do Rio das Velhas, finíssimo; ouro do Ribeirão do Itatiaia, de cor branca como a prata, ainda incompletamente formado.

As fortunas amontoavam-se repentinamente, pelo acaso feliz das descobertas. Conta Antonil que Baltazar de Godoy ajuntara vinte arrobas de ouro, Manoel Nunes Vianna, o caudilho da guerra dos emboabas, um pouco menos, Thomaz Ferreira, grande traficante em escravos, gados e mantimentos, mais de quarenta e Francisco Amaral, cinquenta arrobas. Vila Rica, por meados do século, era a cidade mais opulenta do mundo, se ouro, e somente ouro, constitui riqueza.

Para o Brasil, porém, esse século XVIII foi também o século do seu martírio.

Como no drama histórico da Califórnia em que o velho Suter, milionário, se arruinava pelo achado de uma mina riquíssima nas suas terras de lavoura cobertas de vinhas, oliveiras e gado de raça – o ouro empobrecia o Brasil.* Guerra civil, inomináveis abusos do fisco e do clero, epidemias de fome, em que se morria de inanição ao lado de montes de ouro pelo abandono da cultura e da criação. Nos primeiros tempos dos descobertos, um boi chegou a valer cem oitavas de ouro em pó, um alqueire de farinha quarenta. A situação só melhorou quando começaram a chegar as boiadas de Curitiba e ao Rio das Velhas os rebanhos dos campos baianos. Olhos fixos na loteria da mina surgindo de repente, a população vivia entre a mais abjeta indolência e frenesi de mineração desordenada. De fato só o negro trabalhava, e este se comprava a qualquer preço para os misteres da mineração. Abandonava-se a agricultura; o cultivo da cana diminuiu a tal ponto que os mercados que se abasteciam do açúcar brasileiro sofreram uma crise séria, tendo de recorrer à produção inglesa e francesa, então incipiente. E rapidamente o país se despovoava.

---

* "Que riqueza, santo Deus! é essa cuja posse conduz á ruína do Estado!" – exclamava Pombal.

No entanto, a exploração das minas continuava a fornecer riquezas fantásticas. Pouco depois das Gerais se descobriram as minas do Rio das Contas e Jacobina. Em 1729 apareceram os primeiros diamantes do Serro Frio. A nova descoberta foi celebrada com grande júbilo na Corte de D. João V; houve festas esplêndidas, Te-Deums, procissões. O Papa mandou felicitações ao rei; outros monarcas da Europa o cumprimentavam "como se se descobrira cousa que devia regenerar e felicitar o Universo". À vertigem do ouro juntava-se a loucura da pedra preciosa: época deslumbrante do Tijuco, dos contratadores de diamantes, dos novos-ricos ostentando fortunas fabulosas. Um deles, João Fernandes de Oliveira, celebrizou-se pelo dinheiro e escandalosa paixão pela mulata Chica da Silva. Numa chácara da amante o contratador mandou abrir vasto tanque e nele lançou, para satisfazer um capricho, um pequeno navio, podendo conter oito a dez pessoas, com velas, mastros, cabos etc., como se fosse uma verdadeira embarcação. Mais tarde, Pombal lhe exigiu uma indenização por infrações do contrato: João Fernandes teve de entrar para os cofres públicos com a enorme quantia de onze milhões de cruzados. Este desfalque não lhe abalou a fortuna: morreu rico em Lisboa, no ano de 1799.*

---

* Felício dos Santos, *Memorial do Distrito Diamantino*.

Na metrópole, de 1740 a 1750, a febre atingira o auge. Neste último ano terminava o reinado sultanesco de D. João V, numa apoteose de loucura e de esbanjamentos. Para isso contribuía somente Minas, e até 1751, com 26 mil arrobas de ouro, não contando os quintos, os dízimos, os direitos das entradas, as passagens dos rios. Até 1822, a extração em Minas deve ter andado por perto de 51,5 mil arrobas. O resto do Brasil, nesse período, parece ter fornecido a Portugal, segundo os cálculos de Calógeras, cerca de 18 mil arrobas. Digamos, num total, cerca de 70 mil arrobas de ouro. Nada, porém, bastava para a voracidade da metrópole, para a carolice do rei, para os desperdícios do reino.

Nem as finanças do Estado melhoraram, nem aumentou a fortuna pública. O Governo, assoberbado pelas despesas, não podia resolver o enigma de tanta falta de dinheiro ao lado de montanhas de ouro. Para a Inglaterra escoava-se uma parte da receita colonial, nas compras de tecidos de seda e de lã de que precisava o luxo da corte; para a alimentação, exportavam-se grandes somas para outros países do Norte; o resto despendia-se em pensões aos cortesãos, em gastos com embaixadas e construções dispendiosas. Uma missão a Roma custou dois milhões de cruzados; o Conde de Tarouca recebia uma pensão de 80 mil cruzados, o Marquês de Abrantes de 60 mil. A construção de Mafra absorvia a importância da receita e despesa totais do Estado; empregavam 12 mil operários, que se pagavam com dificuldade. E quando morreu D. João V, a penúria do Estado era tal que o governo recorreu a um negociante de Lisboa para as despesas dos funerais...

No Brasil, sangrado, exausto, se extinguia também a fonte milagrosa de tamanha riqueza. A junta da fazenda de Vila Rica, em 1771, julgava difícil, ou quase impossível, a cobrança dos pesados impostos criados pelo governo real. O lançamento da derrama, diziam, fazia com que "os mineiros por falta de interesse, os negociantes por falta de commercio, e os roceiros por falta de consumidores, abandonassem a capitania, que ficava quasi deserta".* O ouro das minas, em pó, passará todo para o estrangeiro, já observava Antonil, "salvo o que se gasta em cordões, arcadas e outros brincos, dos quaes se vêm hoje carregadas as mulatas de mau viver e as negras, muito mais que as senhoras". Isto, em plena prosperidade nos primeiros anos do século XVIII; ao findar esse século era porém desoladora a situação da capitania.

Por esse tempo, a mineração, quase abandonada, mal dava para o sustento dos mineradores: estes constituíam uma classe de indigentes. Procuravam livrar-se da miséria pela volta aos trabalhos agrícolas, que desconheciam por completo. O estado da

---

* Teixeira Coelho. *Instrucção para o governo da Capitania de Minas.*

sociedade, deplorável; poucas pessoas (talvez meia dúzia de famílias) possuíam alguns haveres ou uma centena de escravos. O viajante que se aventurava por essas regiões devia levar provisões, porque em parte alguma as poderia comprar; ao contrário, o próprio habitante da casa a cuja porta batesse, talvez lhe suplicasse "pelo amor de Deus" a esmola de um punhado de farinha.

Além-mar, não era muito melhor a sorte do cúmplice desse crime estúpido que foi a exploração das minas do Brasil. A administração pombalina, por algum tempo, conseguiu desenvolver a produção e comércio das colônias, sobretudo da Índia. Empreendeu a tarefa difícil de reter no país o ouro que o Brasil ainda produzia. Houve um recomeço de prosperidade, que durou alguns anos, mesmo depois da queda de Pombal. Mas em 1794, quando Portugal se juntou à Inglaterra contra a França, todo o passageiro ressurgir já se tinha dissipado: sem dinheiro, sem esquadra, sem exército, o velho reino se entregou de corpo e alma ao aliado poderoso que lutava contra Napoleão. "Em 1808", diz Elisée Reclus, "quando o rei partiu para o Brasil, Portugal poderia desapparecer subitamente, num cataclysma que ninguem no mundo se sentiria lesado nos seus interesses – a não ser alguns negociantes inglezes, proprietarios de vinhedos no Douro, ou os contrabandistas hespanhóes da fronteira"...Tinha faltado a Portugal a verdadeira compreensão histórica e econômica da sua missão metropolitana. A nação e o governo recebiam como uma esmola o ouro, as pedras preciosas e os produtos comerciáveis das colônias. Quiseram viver sem trabalhar. A sua grande obra, como que inconsciente para os estadistas dos séculos passados, e mesmo para os da atualidade, foi a criação e formação de um outro povo, a quem puderam legar a língua natal e as peculiaridades raciais da civilização portuguesa.

Deste lado do mar, após tanto deslumbramento e tanto bulício afanoso de ambição e loucura – e como para atestar a perenidade do espírito criador libertado dos interesses e acidentes humanos – de todo esse passado apenas resta uma quase ruína que é uma obra de arte, a obra do Aleijadinho, escultor e arquiteto. Nasceu em Ouro Preto em 1730; era pardo-escuro, filho de um português e de uma africana; sabia ler e escrever, mas parece não ter frequentado outra aula além da de primeiras letras. Padecia de uma terrível moléstia incurável, em que perdeu todos os dedos dos pés, só andando de joelhos; das mãos restavam-lhe apenas os polegares e os indicadores. Atormentado por dores cruciantes, narravam que ele próprio, servindo-se do formão, cortava com uma pancada de macete o membro que o fazia sofrer. Esse monstro físico, asqueroso, de face atormentada e disforme, de pálpebras caídas e boca estuporada, escondia-se debaixo de uma tolda para trabalhar nas igrejas. Não lhe perturbava o gênio inculto nenhum ensinamento de academias ou de mestres; a sua obra surgiu e viveu na espontaneidade da imaginação criadora, sem nenhuma deformação. Trabalhou nas capelas de São Francisco de Assis, de Nossa Senhora do Carmo e na das Almas, em Ouro Preto; nas matrizes de São João do Morro Grande e de Sabará; nas de Mariana e Santa Luzia. Destacam-se na sua obra a matriz e a capela de São Francisco, em São João d'El-Rei, e os templos e estátuas de Congonhas do Campo. Foi o único grande artista que durante séculos possuiu o Brasil. É o que resta do maravilhoso Potosí das Gerais que por tanto tempo assombrou o mundo.

Enquanto se passava nessas minas o drama do ouro, continuavam as correrias paulistas. Rechaçados dos territórios de São José d'El-Rei, Rio das Velhas, minas de Cataguazes, Rio das Mortes, do Caeté, de Ouro Preto, onde descobriram as aluviões que enriqueciam fabulosamente os usurpadores – os sertanistas de São Paulo afundavam-se pelos desertos longínquos de Cuiabá e Goiás. "Si nos lançarem fóra daqui" – diziam – "iremos acolá", mostrando, para os lados do sertão, os morros e serrarias que se estendiam a perder de vista. Numa derradeira arrancada, prestes a terminar a finalidade histórica do seu papel na formação do país, as bandeiras multiplicam-se em demanda do próprio coração do continente. Por toda a parte, apressadas, entregavam-se aos trabalhos da lavagem, dos almocafres, das picaretas. Mineravam dia e noite, esgotando escravos, camaradas e até as mulheres que seguiam os bandos. Mudavam o curso dos rios, rasgavam vales, revolviam as entranhas da terra, até que nos talhos abertos nas montanhas surgissem os vieiros, ou no fundo das bateias brilhassem as folhetas e os gravitos. Sebastião Pinheiro Raposo, nos riachos do Mato Grosso da Bahia, fazia a sua gente trabalhar desde a madrugada até as dez horas da noite, então à luz de fachos: um dia colheu nove arrobas de ouro. Nessa ânsia diabólica, dirigem-se para Mato Grosso Antonio Pires de Campos, Paschoal Moreira Cabral, Antonio Antunes Maciel, Fernando e Arthur Paes de Barros, e esse extraordinário Manoel Felix de Lima, português, que desceu o Guaporé, Madeira e Amazonas até o Pará; para o interior de Goiás seguem os bandos dos Buenos, João Leite de Ortiz, Antonio Ferraz de Araújo, Veiga Bueno, Amaro Leite.

Junto aos novos descobertos vinha, porém, morrer enfraquecida, mas sempre alucinada, a bandeira. Conservava, como desde os tempos piratininganos, os traços característicos da sua formação: Interesse, Dinamismo, Energia, Curiosidade, Ambição. Faltavam-lhe os estimulantes afetivos de ordem moral e os de atividade mental. Nunca soubera transformar em gozo a riqueza conquistada. A sua energia intensiva e extensiva concentrava-se num sonho de enriquecimento que durou séculos, mas sempre enganador e fugidio. Com essa ilusão vinha morrer sofrendo da mesma fome, da mesma sede, da mesma loucura. Ouro. Ouro. Ouro.

Cobiça.

III

A TRISTEZA

Em novembro de 1620, cento e dois peregrinos ingleses, vindos de Southampton, avistaram do pequeno navio *Mayflower* as costas arenosas do que é hoje o Estado de New Jersey. Procurando melhor abrigo, velejaram mais ao Sul até o porto depois chamado de Plymouth, em Massachusetts, onde desembarcaram a 22 de dezembro, data que a tradição nacional consagra à comemoração dos antepassados. O frio era intenso nesse sombrio inverno de país do Norte. Em meio de tempestades de chuva e neve, receando o ataque dos indígenas escondidos nas matas vizinhas, os peregrinos acenderam na praia um fogo que os alumiou e aqueceu durante a noite inclemente. No dia seguinte, como era sábado, interromperam para o repouso dominical os trabalhos de instalação: somente os cânticos religiosos perturbaram então o silêncio da terra misteriosa. Em seguida, começou a luta terrível do imigrante. Cada homem teve de construir a própria casa, arrostando as mais duras intempéries, que apenas permitiam o trabalho duas ou três vezes por semana. Nessas condições, em quatro meses, quase metade da pequena expedição tinha sucumbido à doença e ao frio; o resto teve de se fortificar às pressas contra os assaltos do gentio. Estava, porém, criada uma das células iniciais da nação americana.

Na Virgínia, a colonização se fizera, poucos anos antes, pela London Company, com fins mais mercantis. O quase lendário John Smith já ensinara aos companheiros, quando primeiro desembarcaram em terras americanas, o segredo do êxito para o colono recém-chegado: "Aqui nada se obtém senão pelo trabalho". E quando a Companhia lhe pedira de Londres notícias de ouro, o velho pioneiro enviou à metrópole o que julgava mais útil: um mapa da região, um resumo das coisas mais necessárias, e conselhos sobre a escolha dos emigrantes apropriados à colonização. Estes, ao se instalarem, submetiam-se à rigidez da lei puritana que os forçava, como impunha Samuel Argall sob pena de morte, a aceitar a doutrina da trindade, o respeito à autoridade da Bíblia e o comparecimento obrigatório à igreja.

Essa gente trazia para o Novo Mundo o princípio de liberdade e rebeldia que os fizera deixar a mãe-pátria: eram representantes do pensamento radical da Inglaterra no começo do século XVII, em revolta contra a autoridade espiritual e temporal, que emanasse do Rei ou da Igreja. No futuro pioneiro, no fundo de sua alma rude, viria frutificar a semente idealista dos povoadores primitivos da Virgínia e dos peregrinos do *Mayflower*, reunida a uma formidável "vontade de poder" que os puritanos souberam tão bem aliar ao utilitarismo. Na terra adotiva desenvolveram as qualidades de homens de ação em luta cotidiana com um clima duro e um solo ingrato, que a neve cobria durante o inverno e no verão só produzia cereais. Quase todos eram lavradores, donos de suas pequenas fazendas, e ajudados pelos filhos lavraram a terra com as próprias mãos. No regime patriarcal desse início ainda não havia escravos.

Mais tarde, como em outras partes do continente, criminosos, desertores, indesejáveis, servos, semiescravizados, negros se derramaram pelos desertos hospitaleiros. Na mescla, porém, de todos os elementos que compunham a psicologia do colono, em dosagem variável mas constante, foi sem dúvida a forte disciplina religiosa dos primeiros agrupamentos congregacionistas o que fixou o tipo moral predominante na história do país. Foi essa poderosa unidade de espírito social, ajudada por um rigoroso princípio cooperativo, que promoveu e realizou a independência dos Estados Unidos. Nesse processo evolutivo, a religião, estabelecida em condições favoráveis de higiene moral, preparou a atmosfera saudável em que pôde prosperar a nação.

Na costa atlântica do continente sul se desenrolou de modo diverso o drama de conquista e povoamento. Muda-se o cenário, mudam os protagonistas. A partilha do mundo novo em duas partes atribuídas a Castela e Portugal começava em meados do século XVI a ser seriamente atacada pela intervenção de outros povos a quem a *mirabilis navigatio* de Colombo mostrara o caminho da fortuna. A Renascença e a Reforma modificavam por seu turno a estrutura social e moral da civilização ocidental. Fatos aparentemente isolados viriam a ter uma significação que os contemporâneos não percebiam. Assim, no mesmo ano em que Cortez sitiava a cidade do México, Lutero queimava em Wittemberg a bula do Papa. Havia no ar, com a surpresa das descobertas, um espírito de renovação e de revolta, precursor de novas ideias e de homens novos. Por essa época começava a estremecer o edifício que a energia lusitana levantara, realizando o sonho ambicioso do "Homem" de Sagres.

Na própria Índia, Portugal foi encontrar o motivo de decadência de seu poderio. A derrota na África, a morte de Dom Sebastião, a grande perda de homens por ocasião dessas lutas enfraqueceram o reino que lhe sentia escapar a colônia asiática tão cobiçada. A união com a Espanha, a crescente influência da Inquisição, mais poderosa do que nunca no reinado de Felipe II, completaram a obra de decomposição que lentamente se preparava. Nos últimos anos do reinado de D. João III o estabelecimento definitivo da Inquisição já fora o início da decadência que se agravou rapidamente durante os governos sucessivos de seu neto e de seu irmão.

A situação política, cada vez mais turbada, tinha levado rapidamente o país à anarquia e à perda da independência; em 1580 Felipe de Espanha tomava posse de Portugal: era rei desse reino. "Este havia tido", diz Conestaggio, "cinco reis no espaço de dois annos, facto raro, talvez unico. E parece que Deus permitiu mudanças taes para castigar a nação, porque todos os cinco arruinaram os seus pobres subditos: D. Sebastião por ousadia, D. Henrique por irresolução, os governadores por medo e parcialidade, D. Antonio por tyrannia e D. Philippe pelas armas."

Contando o número de fortalezas espalhadas por toda a conquista, Portugal parecia invencível, mas na realidade se enfraquecera pelo alargamento do campo de ação. A queda isolada de um desses baluartes, se não tinha grande importância sob o ponto de vista militar, era, entretanto, uma brecha no prestígio português. Por outro lado, o declínio do império colonial era acompanhado pela decadência da metrópole. A nação portuguesa, corrompida pelo luxo e pela desmoralização dos costumes, perdia, pouco a pouco, a sua primitiva vitalidade. Os governos, despóticos e incapazes, só conservavam a antiga energia para sustentar a Inquisição.

A administração metropolitana – sobretudo a administração local nas colônias – periclitava em todas as outras funções governamentais. Os representantes do poder real, longe da fiscalização disciplinar de Lisboa, ocupavam-se primeiramente dos proventos pessoais dos cargos que ocupavam. O padre Vieira dizia que a palavra furtar se conjugava de todos os modos na Índia portuguesa. No Brasil, avaliavam-se os méritos dos governadores pelas rendas que enviavam à metrópole, e esta se opunha a qualquer aumento de despesa, mesmo produtiva. Os funcionários superiores, por um abuso tolerado, monopolizavam quase todo o comércio: o próprio clero mercadejava. Daí desordens e conflitos que atrasaram sensivelmente o desenvolvimento colonial. Somente em 1666 pôde o governo português proibir o exercício desse comércio, e muito mais tarde, no regime pombalino, foi introduzida a reforma benéfica que argumentou a duração das funções administrativas para os cargos de ultramar. Vinha atrasada, porém; o mal já estava arraigado, para que o curasse "o despotismo esclarecido" de que falava Pombal. Se os chefes eram venais e peculatários, os subordinados primavam pela ignorância, especialmente os de origem crioula. Quanto ao colono, apático e submisso, pouca resistência oferecia ao jugo governamental. Só o sentia em toda a sua força nos centros de população; no interior do país a distância e o deserto o protegiam.

À dissolução em Portugal associavam-se a miséria e a fraqueza, "cobrindo-se com as fórmulas de uma religiosidade fervente, como a pobreza e a debilidade se encobriam sob as apparencias do explendor e sob a linguagem da omnipotencia", disse magnificamente Alexandre Herculano. A imoralidade reinava em toda a parte, sobretudo entre o clero: os mosteiros sustentavam em luxo "mancebas e filhos, mantendo custosas e nedias cavalgaduras, com aves e cães de raça". A sociedade vivia em íntima mistura com mouros e negros, uns forros, outros escravizados. O trabalho servil dos escravos da África sustentava a agricultura, mas a escravidão minava o organismo social, como em toda a parte onde existiu. Os senhores favoreciam os ajuntamentos para aumentarem o número de crias; os filhos de escravos até a terceira ou quarta geração, embora batizados, eram marcados na cara com um ferro em brasa para se venderem; o castigo mais comum era queimá-los com tições acesos, ou com cera, toucinho ou outras matérias derretidas.

Nesse aviltamento e nesses horrores, começou a desaparecer o português heroico do século XV, "fragueiro, abstemio, de imaginação ardente, propenso ao mysticismo", que criara o tipo perfeito do homem aventureiro, audacioso e sonhador, livre, sem rebuços nem eufemismos de linguagem, como imaginamos os que pintou Nuno Gonçalves no retábulo de São Vicente.* Os indivíduos aos poucos perdiam a dureza da primitiva têmpera. A Índia já os esgotara com os seus encantos e desilusões, dura escola de ferocidade brutal, de cobiça voraz, de luxúria hircina, onde a mocidade portuguesa se ia educando nos vícios e crimes da sedução asiática.

Por esse povo já gafado do gérmen de decadência começou a ser colonizado o Brasil. Frutificaram esplendidamente os fortes troncos que primeiro chegaram à nova terra. Mais tarde só escaparam à degenerescência de além-mar os grupos étnicos segregados e apurados por uma mestiçagem apropriada. Foi o caso de Piratininga em que o Caminho do Mar preparou e facilitou para a formação do mameluco esse "centro de isolamento", da teoria de Moritz Wagner. Outros núcleos de população, como a capitania de Duarte Coelho, mais civilizada, e a Bahia, sede do governo central, se ligavam umbilicalmente ao organismo doentio e enfraquecido da metrópole. Não viviam, para assim dizer, de vida própria, a proximidade da Europa, o intercâmbio

---

* Cleynaerts, professor belga do irmão de Dom João III, pretende numa carta, em que descreve os costumes portugueses da época, que num livro de despesas de um nobre de Lisboa só havia, destinadas a uma refeição, as seguintes: quatro ceitis para água, dois réis de pão, um real e meio para rabanetes... A carta é de 1539.

comercial, a influência direta da administração central, mil fatores étnicos e econômicos solidarizavam essas colônias com o ritmo vital do velho reino, ora paupérrimo, ora esbanjador de riquezas, mas no caminho fatal para a velhice.

Como da Europa do Renascimento nos viera o colono primitivo, individualista e anárquico, ávido de gozo e vida livre – veio-nos, em seguida, o português da governança e da fradaria. Foi o colonizador. Foi o nosso antepassado europeu. Ao primeiro contacto com o ambiente físico e social do seu exílio, novas influências, das mais variadas espécies, dele se apoderariam e o transformariam num ente novo, nem igual nem diferente do que partira da mãe-pátria. Dominavam-no dois sentimentos tirânicos: sensualismo e paixão do ouro. A história do Brasil é o desenvolvimento desordenado dessas obsessões subjugando o espírito e o corpo de suas vítimas. Para o erotismo exagerado contribuíam como cúmplices – já dissemos – três fatores: o clima, a terra, a mulher indígena ou a escrava africana. Na terra virgem tudo incitava ao culto do vício sexual. Ao findar o século das descobertas, o que sabemos do embrião de sociedade então existente é um testemunho dos desvarios da preocupação erótica. Desses excessos de vida sensual ficaram traços indeléveis no caráter brasileiro. Os fenômenos de esgotamento não se limitam às funções sensoriais e vegetativas; estendem-se até o domínio da inteligência e dos sentimentos. Produzem no organismo perturbações somáticas e psíquicas, acompanhadas de uma profunda fadiga, que facilmente toma aspectos patológicos, indo do nojo até o ódio. Por outro lado, como derivativo dessa paixão, outro sentimento surgia na alma do conquistador e povoador, outro sentimento extenuante na sua esterilidade materialista: a fascinação do ouro, exclusiva como uma mania. Tipo representativo e pitoresco da exaltação a que chegaram essas paixões violentas foi Sebastião Pinheiro Raposo, bandeirante paulista. Vindo de São Paulo, percorreu com a comitiva de camaradas e escravos índios e negros os sertões do Norte e Nordeste, deixando por toda a parte um rasto sanguinolento e uma lenda de riqueza. Acompanhava-o um bando de mucambas, com quem tinha inúmeros filhos. Uma vez, duas destas, exaustas pelo caminho montanhoso, caíram desfalecidas à beirada estrada. O sertanista mandou-as despenhar pelo precipício abaixo, pois "não queria deixá-las vivas para não servirem a outrem". Teve fama de riquíssimo, com as borrachas e surrões sempre cheios de ouro: eram as suas "arrobinhas", dizia. Denominaram-no o rei do Ouro e da Volúpia.

Na luta entre esses apetites – sem outro ideal, nem religioso, nem estético, sem nenhuma preocupação política, intelectual ou artística – criava-se pelo decurso dos séculos uma raça triste. A melancolia dos abusos venéreos e a melancolia dos que vivem na ideia fixa do enriquecimento – no absorto sem finalidade dessas paixões insaciáveis – são vincos fundos na nossa psique racial, paixões que não conhecem exceções no limitado viver instintivo do homem, mas aqui se desenvolveram de uma origem patogênica provocada sem dúvida pela ausência de sentimentos afetivos de ordem superior. Foi na exaltação desses instintos que se formou a atmosfera especial em que nasceu, viveu e proliferou o habitante da colônia.

Do enfraquecimento da energia física, da ausência ou diminuição da atividade mental, um dos resultados característicos nos homens e nas coletividades é, sem dúvida, o desenvolvimento da propensão melancólica. *Post coitum animal triste, nisi gallus que cantat*, afirmava o velho adágio da medicina: é o "colapso", dos médicos, depressão física e moral, passageira em certas condições normais, contínua nos casos de excessos repetidos. No Brasil, a tristeza sucedeu à intensa vida sexual do colono, desviada para as perversões eróticas e de um fundo acentuadamente atávico. Por sua vez, a cobiça é uma entidade mórbida, uma doença do espírito, com seus sintomas, suas causas e evolução. Pode absorver toda a energia psíquica, sem remédios para o seu desenvolvimento, sem cura para os seus males. Entre nós, por séculos, foi paixão insatisfeita, convertida em ideia fixa pela própria decepção que a seguia. Absorveu toda a atividade dinâmica do colono aventureiro, sem que nunca lhe desse a saciedade da riqueza ou a simples tranquilidade da meta atingida. No anseio da procura afanosa, na desilusão do ouro, esse sentimento é também melancólico, pela inutilidade do esforço e pelo ressaibo da desilusão.

Luxúria, cobiça: melancolia. Nos povos, como nos indivíduos, é a sequência de um quadro de psicopatia: abatimento físico e moral, fadiga, insensibilidade, abulia, tristeza. Por sua vez, a tristeza, pelo retardamento das funções vitais, traz o enfraquecimento e altera a oxidação das células, produzindo nova agravação do mal com o seu cortejo de agitações, lamúrias e convulsões violentas. Influência do clima, dos hábitos de vida, da alimentação, ou do bom ou mau funcionamento das glândulas endócrinas, que a ciência começa a estudar?

O fato é que há povos alegres e povos tristes. Num mesmo país, em alternâncias de luz e sombra se sucedem os dois estados de espírito. Camponeses sorridentes e felizes da Andaluzia, ao lado da raça dura e sombria das Astúrias; chins do Norte, sérios e refletidos, chins do sul, alegres como crianças; provençais, descuidados, palradores, vibrantes como cigarras, e bretões, místicos, reconcentrados, sonhadores.

Buckle diria que as diferenças de clima explicam as várias modalidades de temperamento. Países de luz e calor influindo na psicologia das populações; névoa e escuridão de invernos rigorosos dando uma feição tristonha aos homens de terras frias. No Brasil, o véu da tristeza se estende por todo o país, em todas as latitudes, apesar do esplendor da natureza, desde o caboclo, tão mestiçado de índio da bacia amazônica e dos sertões calcinados do Nordeste, até a impassibilidade soturna e amuada do paulista e do mineiro. Destacam-se somente nesse fundo de grisalha melancolia o gaúcho fronteiriço, mais espanholado, com um folclore cavalheiresco levemente nuançado de saudade que o acompanha nas correrias revolucionárias – e o carioca, já produto de cidade grande e marítima, em contato com o estrangeiro e entregue ao lazaronismo do ambiente.

Há povos tristes e povos alegres. Ao lado da taciturnidade indiferente ou submissa do brasileiro, o inglês é alegre, apesar da falta de vivacidade e da aparência: o alemão é jovial dentro da disciplina imperialista que o estandardizou num só tipo; todos os nórdicos da Europa respiram saúde e equilíbrio satisfeito. O nosso próprio antepassado de Portugal, cantador de fados saudosos, enamorado e positivo, é um ser alegre quando comparado com o descendente tropical, vítima da doença, da pálida indiferença e do vício da cachaça. A poesia popular, as lendas, a música, as danças revelam a obsessão melancólica que só desaparece com a preocupação amorosa ou lasciva. Luccock, que por aqui andou em princípio do século passado, notou com estranheza esse pendor das populações.

"Todos parecem de lingua atada" – diz o viajante –; "não havia brinquedo de meninada, vivacidade de rapazes, gritaria ruidosa de gente mais entrada em annos. O primeiro grito geral que ouvi no Rio foi no anniversario da rainha, em 1810. Seguiu-se a um fogo queimado nesta occasião, e foi um viva abafado, não frio, porém timido: parecia perguntar se podia ser repetido."*

Se assim era na capital do país, onde já se instalara toda uma corte europeia, é fácil imaginar o aspecto das populações provincianas, umas em plena decadência, outras petrificadas na imobilidade colonial que aliás pouco se diferençava do atraso profundo da própria metrópole.

Desde os tempos primeiros, observa Capistrano, a família brasileira teve como sustentáculo uma tripeça imutável: pai soturno, mulher submissa, filhos aterrados. Nesse ambiente se desenvolvia a tristeza do mameluco, do mazombo, do reinol, abafado na atmosfera pesada da colônia. O português transplantado só pensava na pátria d'além-mar: o Brasil era um degredo ou um purgatório. Frei Vicente do Salvador, nos primeiros anos seiscentistas, queixava-se de que os povoadores "não só os que de lá vieram, mas ainda os que cá nasceram... usam da terra não como senhores mas como usufructarios, só

---

* John Luccock. *Notes on Rio de Janeiro* etc., 1820.

para a desfructarem e a deixarem destruida". Com essa mentalidade, o povoamento se fazia de ádvenas de passagem, que se consideravam vítimas da sorte ou do exílio, irritados ou estupidificados, vivendo uma vida vazia e monótona. O mestiço, já acostumado à contingência do sertão, do perigo, do clima, limitava o esforço à ganância de enriquecimento fácil, ou à poligamia desenfreada, sem nenhuma outra simpatia humana mais elevada. Nada tão seco e árido como um documento dessas épocas. Em nenhum se encontra o informe, ou o desabafo, que abre uma clareira para a visão do ente de carne e osso que nascia, lutava e morria no solo indiferente. Dois grandes fenômenos, apenas, em séculos, parecem indicar o alvorecer de algum sentimento nacional: a luta contra o invasor holandês e a expansão geográfica do movimento de gado e das bandeiras. No primeiro, considerações materiais sobrepujavam os vislumbres de revolta nativista, desde a intervenção dos judeus e cristãos-novos na origem da luta até os planos encobertos de João Fernandes Vieira. No fenômeno do bandeirismo tudo nos demonstra que a preocupação única do sertanista era a aquisição de riqueza, o desenvolvimento de seu negócio em escravos enquanto não aflorava o metal, e quando este surgiu, com ele feneceram as bandeiras. Não se lhe encontra o mínimo apego à pobre vila piratininga donde partia. Uns voltavam pela tração instintiva do ninho, mais tarde outros se afazendavam em terras longínquas, nos latifúndios pastoris do sertão, ou junto às minas que os tinham atraído e fixado. Do amor ao torrão natal, nem uma única palavra, nem um só gesto. No século da independência norte-americana, e antes da sua proclamação, ainda não havia o americano, mas havia os virgilianos, os rhode islanders, os carolinianos, pertencentes às respectivas províncias. Washington, quando se referia à Virgínia, dizia sempre: "a minha pátria". Nunca se soube que Fernão Dias Paes dissesse da Capitania de São Vicente: "a minha terra". Era um simples súdito do rei de Portugal, sem nome que o classificasse geograficamente. Nem mesmo o brasileiro existia nesse período inicial. Vinha-lhe o nome da labuta do pau-brasil, como é carvoeiro o lenhador que produz carvão de madeira.

Ao findar o século XVIII e nos primeiros anos do século seguinte, já tínhamos chegado a um dos pontos culminantes do nosso desenvolvimento histórico. O país ia separar-se da mãe-pátria. Ainda não se formara a nação; apenas a sociedade, com simples aglomeração de moléculas humanas. Começava, no entanto, a se afirmar a consciência geográfica, que fixava e delimitava o território. Examinemos as condições em que se ia constituir o laço social determinando o crescimento, os movimentos e o agrupamento das populações.

Por essa época, nos centros marítimos, de Pernambuco para o norte, diversos tipos étnicos contribuíram para a formação contínua do brasileiro que iria surgir, já em 1817, nas lutas da emancipação política. Havia os europeus, os brancos já nascidos no Brasil, os mulatos de todas as nuanças, os mamelucos cruzados do branco e do índio em todas as suas variedades, os índios domesticados que eram os caboclos do Norte, os índios ainda selvagens que eram os tapuias, crioulos da colônia, os africanos forros ou escravos, e finalmente os mestiços, classe inumerável dos que mediavam entre os índios e os negros. No amálgama de todas essas cores e caracteres se instituía, na evolução da raça, o reino da mestiçagem.

Os brancos nascidos no Brasil vinham das velhas famílias da aristocracia rural; diziam-se, alguns, descendentes dos primitivos donatários, tinham grande orgulho dessas ascendências e pregavam com algum ridículo a própria importância. Eram os proprietários dos grandes engenhos onde a vida lhes corria quieta e indolente. Fato comum era a bastardia que a escravidão desenvolvia; para corrigi-lo, funcionava frequentemente a roda dos enjeitados que inspiravam à população um carinho quase supersticioso.

O mulato desprezava o mameluco; pretendia pertencer à classe dos brancos e vangloriava-se em não ter parentes índios. Sentia a sua inferioridade em relação ao branco, desde que este lhe era superior em riqueza; chegava a se humilhar diante de outros mulatos mais ricos ou de melhor condição social. Podia entrar para as ordens sacras e ser magistrado: bastava-lhe um atestado de sangue limpo, mesmo que a aparência desmentisse o certificado. Koster – de quem extraímos estes dados – narra o caso de um preto a quem perguntou se certo capitão-mor era mulato.* "Era, porém já não é" foi a resposta, acrescentando a filosofia do negro velho: "Pois um capitão-mor pode ser mulato?". Os regimentos de milicianos chamados regimentos de mulatos tinham oficiais e praças de todos os matizes, recusando-se porém o alistamento aos brancos. O coronel de um desses regimentos do Recife foi a Lisboa e de lá voltou com a ordem de Cristo. Não eram raros os casamentos entre brancos e mulatos, sobretudo entre europeus e mulheres de cor que possuíssem algum dote. Brasileiros, ricos ou de alto nascimento, repeliam em regra essas alianças, desde que o sangue mestiço fosse muito visível, acrescenta Koster, com malícia. Mamelucos, havia mais no sertão pernambucano. Eram mais belos do que os mulatos, sobretudo as mulheres. Na independência do caráter, na repugnância pela adulação ao branco mostravam a nobreza da ascendência livre dos dois lados. O índio domesticado era em geral, com as suas virtudes conhecidas, o sertanejo, corajoso, sincero, generoso, hospitaleiro – o tipo clássico da caatinga do Nordeste. O índio selvagem aparecia

---

* Henry Koster. *Travels in Brazil*, 1816.

longe do litoral, nas proximidades do Maranhão. O resto, era o negro africano ou crioulo. Proliferando em todas as variedades do cruzamento, só o negro puro, forro, tinha o orgulho humilde da sua raça: "negro sim, porém direito", diziam. Os crioulos possuíam os seus regimentos exclusivos em que oficiais e soldados eram todos pretos. Eram os Henriques, conservando no nome a tradição de Henrique Dias, dos tempos da invasão flamenga. O negro cativo era a base de nosso sistema econômico, agrícola e industrial e como que em represália aos horrores da escravidão, perturbou e envenenou a formação da nacionalidade, não tanto pela mescla de seu sangue como pelo relaxamento dos costumes e pela dissolução do caráter social, de consequências ainda incalculáveis.

De todos os centros marítimos da colônia foi, porém, Recife o menos influenciado pelo mestiço. Além das tradições do seu núcleo aristocrático, uma numerosa colônia europeia, em que sobressaíam os ingleses, conservava-lhe o aspecto metropolitano, lembrando outras épocas de riqueza e civilização. Ao se aproximar o viajante das terras baixas e dos coqueirais do Recife e das colinas de Olinda, a paisagem produzia-lhe uma agradável impressão, com a casaria branca das chácaras em meio aos laranjais verde-escuros. Só ao desembarcar, no calor do meio-dia, tinha a surpresa das ruas cheias de negros, dando à cidade uma aparência sombria e tristonha. Frequentemente, animava-as a chegada dos navios negreiros da costa d'África, exibindo em plena rua o espetáculo asqueroso da venda de escravos. Homens e mulheres, em completa promiscuidade, seminus, se estendiam pelas calçadas ou se acocoravam no chão, indiferentes, mastigando pedaços de cana.* De longe se sentia o cheiro acre dessa multidão africana, em geral coberta de pústulas repugnantes. Só ao cair da tarde apareciam nas ruas, a passeio, as famílias. Santo Antônio do Recife, a cidade central, tinha ruas largas e casas grandes, com lojas no rés do chão. Pelas janelas das casas baixas surpreendia-se a intimidade da vida caseira, com mulheres quase nuas, deitadas pelas esteiras das salas e alcovas.

Koster impressionou-se pela opulência e importância da cidade. Pernambuco exportava sobretudo algodão para a Inglaterra e açúcar para Portugal. Atribuiu o seu progresso e bem-estar ao governo do capitão-general Caetano Pinto de Miranda Montenegro, que julgava administrador prudente e firme. Numa festa elegante a que assistiu o viajante inglês, no arrabalde do Poço da Panela, em meio das danças e alegria das moças

---
* L. F. Tollenare. *Notas Dominicais*.

apareceu o capitão-mor, amável, prazenteiro. A sua presença, porém, fez calar as risadas, e o baile continuou solene, num murmúrio de respeito. A Koster escaparam, no entanto, os sintomas de efervescência nativista, que vieram explodir mais tarde na revolução de 1817. O governo de Caetano Pinto terminou aí, vergonhosamente, pela fuga do capitão-general.

Ao sul, outros centros sociais eram, pela assistência das altas autoridades administrativas, a Bahia e o Rio. Mas do que no norte, nelas dominava o mal da escravidão.

Na primeira, numa população de 80 mil almas, só uma terça parte era de brancos e índios; o resto compunha-se de negros e mulatos. A cidade, sob o sol radioso dos trópicos, era um horrível monturo que devia empestar até o mar alto, como a Lisboa de Byron. Pela escarpa abrupta coleavam 38 ladeiras, ruas e vielas, estreitíssimas, por onde dificilmente passava uma sege. Casas agaioladas de quatro e cinco andares, em geral do século XVII, forradas de urupema, ensombravam e abafavam as ruas com os longos beirais e as saliências das rótulas: uma delas se chamava Rua Direita da Preguiça, como um epigrama. Nos três mercados da cidade, as negras vendiam peixe, carne moqueada, baleia, no tempo da pesca, e uma infindável coleção de carurus, vatapás, mingaus, pamonhas, acassás, acarajés, abacás, arroz de coco, feijão de coco e as infinitas qualidades de quitutes baianos, alguns dos quais, dizia o cronista, "optimos pelo asseio para tomar para vomitorios". Junto aos mercados, em casinholas pequeníssimas e sombrias, moravam as quitandeiras. Nas noites de calor úmido, dos pantanais que de um lado cercavam a cidade, subia um formidável coaxar de enormes batráquios erguendo um alarido de cães de fila. Nas fontes de água impura havia diariamente brigas de negros que ali liquidavam à ponta de faca rusgas por causa da apanha do líquido ou questões de interesse e amor com a polícia e com os galés que concorriam aos chafarizes.

A vida dissoluta do africano e do mestiço invadia a melhor sociedade. Tudo se fazia nesse abandono desleixado e corrompido que é a praga da escravidão. O traje ordinário das mulheres, no interior das casas, era uma simples saia por cima de uma camisa, em geral da mais transparente musselina, muito ornamentada e bordada. Muito larga no pescoço, ao menor movimento caía de um dos ombros, ou mesmo dos dois, descobrindo sem pudor os seios.*

Nas grandes famílias patrícias, um dos luxos consistia no séquito de pretas e mulatas que cercavam as senhoras brancas quando saíam para as procissões. Quinze ou vinte escravas acompanhavam as sinhás-moças, vestidas de ricas saias de cetim,

---

* Thomas Lindley. *Voyage au Brésil*. Trad. francesa. Paris, 1806.

camisas de cambraia ou cassa finíssima, cobertas de joias de ouro, cordões, pulseiras, colares, braceletes e balangandãs. O bando percorria, então, o labirinto de becos, travessas e ruelas, requebrado e guizalhante como um cordão carnavalesco.

O mal, porém, roía mais fundo. Os escravos eram terríveis elementos de corrupção no seio das famílias. As negras e mulatas viviam na prática de todos os vícios. Desde crianças – diz Vilhena – começavam a corromper os senhores moços e meninas dando-lhes as primeiras lições de libertinagem. Os mulatinhos e crias eram perniciosíssimos. Transformavam as casas, segundo a expressão consagrada e justa, em verdadeiros antros de depravação. Muitos senhores, por mero desleixo, conservavam nas moradias da cidade dezenas e dezenas de mulatos e negros, em completa ociosidade, pelo simples fato de aí terem nascido. Da promiscuidade surgia toda a sorte de abusos e crimes. Senhores amasiavam-se com escravas, desprezando as esposas legítimas, e em proveito da descendência bastarda; outros não casavam, agarrados ao vício de alguma harpia que os sequestrava, ciumenta e degradante, por uma vida toda; eclesiásticos constituíam famílias com negras e mulatas, com inúmeros filhos a quem deixavam em heranças as mais belas propriedades da terra. Os escravos velhos e doentes, porém, jogavam-nos à rua, para mendigarem o sustento. A escravidão, enfim, com todos os seus horrores.*

O Rio, por essa época, pouco se diferençava da Bahia. Um testemunho inteligente (de 1808) nos dá o quadro vivo da cidade e do ambiente social, à chegada do Príncipe Regente. A presença da corte, antiquada, pobre, desmazelada, imprimia aos diferentes aspectos da vida fluminense o tom caricatural, que por tão longos anos caracterizou o cerimonial monárquico no Brasil.

A primeira impressão que teve Luccock** foi de que o Rio era "uma das mais immundas associações de homens debaixo dos céus". Rango, viajante alemão que aqui esteve em 1819, notou logo ao desembarcar o cheiro penetrante, adocicado, que exalavam as ruas cheias de negros carregando fardos, no calor intenso.

A cidade limitava-se à área baixa e pantanosa que encerravam os morros do Castelo, Santo Antônio e São Bento, seguindo-se pela rua dos Barbonos, Guarda Velha, São Joaquim e Valongo. Além, e imediatamente, começava a mata. Da Glória a Botafogo ia-se por um trilho de animais, e a alta vegetação encobria no trajeto a vista do mar.

---

* Luiz dos Santos Vilhena. *Cartas de Vilhena: notícias metropolitanas e brasílicas*, 1802.

** John Luccock. Op. cit.

No campo de São Cristóvão caçava-se e era fácil perder-se o caminho. Na parte habitada, em cerca de 4 mil casas, residia uma população de cerca de 60 mil almas, ou de 43 mil, refere outro viajante*– e deles 40 mil eram negros. Ruas estreitas e em geral em linha reta, calçadas de granito, correndo pelo meio a sarjeta das águas; à noite, malas alumiavam as lamparinas dos oratórios e nichos. Nas lojas predominavam os boticários e os droguistas. Pelas ruas circulava uma pitoresca mescla de transeuntes, sobressaindo os meirinhos, curvando-se e tirando os sujos chapéus de bico, sebosos, de tope preto. Ao lado de um carro de bois, chiando, passava uma cadeirinha de senhora rodeada de uma multidão de mendigos andrajosos, entre os quais não era raro ver-se algum oficial de milícias, também de mão estendida. Às vezes passavam estranhas figuras de escravos de máscara de ferro, com que os puniam do vício da embriaguez. De toda essa mistura de cores, de línguas, de trajes, subia no ar vibrante de sol uma alta vozeria, acompanhando as contínuas salvas dos fortes da baía ou o foguetório das festas de igreja, quase diárias. Subitamente, um rebuliço: ajoelhavam-se todos. Era a sege real, balouçando-se nas correias, puxadas por duas mulas de arreios remendados, guiados por um lacaio de libré gasta e desbotada. Dentro, o sorriso boquiaberto, de ade-

---

* Andrew Grant. *History of Brazil*, 1859.

noideano, do Príncipe Regente. Nas horas quentes, esvaziava-se a rua: só negros passavam. Luccock tinha a impressão de estar numa cidade da África. A proporção dos brancos para a gente de cor era de 1 para 9, avaliava Rango.*

O aspecto da gente era desagradável. O clima quente, a falta de asseio, a carne de porco produziam terríveis doenças de pele; nas mulheres, a reclusão nas alcovas sem ar empalidecia rapidamente o rosto mais encantador do mundo: aos dezoito anos atingiam uma maturidade completa, precursora de uma excessiva corpulência com que aos trinta se transformavam em velhas enrugadas.

Na vida social se notavam alguns traços peculiares que o viajante atribui à dissolução dos costumes. Poucos se preocupavam com os mais comezinhos princípios da verdade, da propriedade particular ou das virtudes domésticas. A vida de um homem pouco valia: por um patacão, um capanga se incumbia do desaparecimento de qualquer desafeto. Nem mesmo – observa o inglês – se recorria a essa sombra da virtude que é a hipocrisia. É essa, acrescenta, a impressão geral que se tem; as exceções existiam, respeitáveis, como em toda parte, mas em geral era grande a proporção de caracteres duvidosos, com visível predisposição para o mal.

---

* L. von Rango, *Tagebuch meiner Reisen*, 1819-1820.

Escolas públicas não havia, nem qualquer outro estabelecimento para a instrução das crianças. Estas aprendiam a ler nas lojas dos pais, com os caixeiros que a invasão francesa fizera emigrar de Portugal. Nos colégios eclesiásticos pouco mais se ensinava aos que se dedicavam à carreira clerical. Como alimento espiritual, para toda a população, apenas dois ou três vendedores de alfarrábios possuíam algumas obras obsoletas de teologia ou medicina. Dois detalhes bem ingleses terminavam esse quadro. Não havia em toda a cidade uma só escova de dentes: limpavam-nos com os dedos. E cheirava-se rapé em abundância, para não sentir o cheiro da cidade.

Isolada no seu altiplano, defendida do contágio europeu pelo Caminho do Mar, a cidade de São Paulo, ainda por essa época, vegetava na indigência de lugarejo provinciano e serrano. A mineração bandeirante tirara-lhe o melhor sangue com a emigração dos elementos sadios da Capitania; a estúpida administração portuguesa do século XVIII viera em seguida abafar e suprimir o que restava nas populações da antiga fortaleza e independência. Foi quando os paulistas se barbarizaram de uma vez, informava um governador. Dispersos, escondidos pelas roças, procurando a solidão no seu amuo característico, viviam de canjica, pinhão e içá torrado. "Si alguem, dizia um relatorio official, fazendo viagem encontrava por accaso um destes, ou lhe foge ou fica tão assustado e preoccupado que nem o chapeu lhe tira e se lhe diz a minima palavra desconfia e 'mata logo'."

A vida acanhada, porém, não escapava à dissolução geral dos costumes, que se generalizara por toda a colônia. Um ofício do bispo do Rio de Janeiro, de 20 de fevereiro de 1761, dirigido ao conde de Oeiras, já levanta um pouco do véu que encobria os escândalos da Pauliceia. No colégio de São Paulo havia "mestres dissolutissimos em concubinagem com discipulos" e cita o bispo o padre Manuel dos Santos que vivia com o estudante Antonio José, depois clérigo também, e o padre Ignacio Ribeiro com o músico Ignacinho, e Pedro de Vasconcellos com Joaquim Velloso etc. etc. Por ciúmes brigaram publicamente o padre Manuel dos Santos com o franciscano frei Manuel de São Boaventura, e o padre Barreiros com o corista Vito de Madureira. Nessas cenas disputavam-se os favores da célebre mulata Maria Putiú, amante do padre Martins. Em Santos, em Paranaguá, fatos idênticos se repetiam. Se por essas bandas aparecesse um visitador do Santo Ofício, as "confissões de São Paulo" seriam de certo tão curiosas como as da Bahia e de Pernambuco.

Três séculos tinham trazido o país a essa situação lamentável. A colônia, ao iniciar-se o século de sua independência, era um corpo amorfo, de mera vida vegetativa, mantendo-se apenas pelos laços tênues da língua e do culto.

População sem nome, exausta pela verminose, pelo impaludismo e pela sífilis, tocando dois ou três quilômetros quadrados a cada indivíduo, sem nenhum ou pouco apego ao solo nutridor; país pobre sem o auxílio humano, ou arruinado pela exploração apressada, tumultuária e incompetente de suas riquezas minerais; cultura agrícola e pastoril limitada e atrasada, não suspeitando das formidáveis possibilidades das suas águas, das suas matas, dos seus campos e praias; povoadores mestiçados, sumindo-se o índio diante do europeu e do negro, para a tirania nos centros litorâneos do mulato e da mulata; clima amolecedor de energias, próprio para a "vida de balanço"; hipertrofiado patriotismo indolente que se contentava em admirar as belezas naturais, "as mais extraordinárias do mundo como se fossem obras do homem; ao lado de um entusiasmo fácil, denegrimento desanimado e estéril:

'São desgraças de Brasil:
Um patriotismo fôfo,
Leis com parolas, preguiça,
Ferrugem, formiga e môfo';"

indigência intelectual e artística completa, em atraso secular, reflexo apagado da decadência da mãe pátria; facilidade de decorar a loquacidade derramada, simulando cultura; vida social nula porque não havia sociedade, com as mulheres reclusas como mouras ou turcas; vida monótona e submissa, sem os encantos que a poetizam, no pavor constante dos recrutamentos forçados: esforço individual logo exausto pela ausência ou pela morte e, como observa Capistrano, manifestações coletivas sempre passageiras, certamente pela falta de cooperação tão própria do antepassado indígena; disseminadas pelos sertões, de Norte a Sul, as virtudes ancestrais: simplicidade lenta na coragem, resignação na humildade, homens sóbrios e desinteressados, doçura das mulheres.

Martius, em 1818, registra numa página das suas "Viagens" a impressão que lhe produziram na Bahia as festas do Nosso Senhor do Bonfim e as procissões da capital. Era, numa mescla fantástica, a exibição de todos os estados sociais e de todas as raças. Confrarias das mais variadas cores – beneditinos, franciscanos, augustinhos, carmelitas descalços e calçados, frades mendicantes de Jerusalém, capuchinhos, freiras – rivalizando na magnificência dos vestuários, bandeiras e insígnias; tropas de linha portuguesas, de aspecto marcial, e pacatas milícias locais; a gravidade e unção dos padres europeus, como que extáticos no esplendor da velha Igreja romana, em meio à algazarra de negros, meio-pagãos e de trêfegos mulatos. Espetáculo único – exclama o grande cientista –, resumindo séculos e irrealizável mesmo em Londres ou Paris, e em que se viam, num desfilar de mágica, representantes de todas as épocas, de todas as partes do mundo, de todos os sentimentos, a história inteira da evolução humana, nas suas mais altas ambições, nas suas lutas mais acirradas, nos pontos culminantes de suas paixões e de suas resistências.

Ebulição formidável do cadinho no qual se preparava a formação de um homem novo surgindo para os triunfos de seu destino, ou para uma desilusão e um desastre na realização de sua finalidade histórica e geográfica.

IV

O ROMANTISMO

Nesse organismo precocemente depauperado, exposto às mais variadas influências mesológicas e étnicas, ao começar o século da independência, manifestou-se, como uma doença, o mal romântico.

Defini-lo já é suscitar mil dúvidas. Como expressão dinâmica do espírito humano, o romantismo é um fenômeno extenso e complexo. Acompanhá-lo pelos séculos afora é ir à Idade Média, ao neoplatonismo de Alexandria, ao platonismo grego, passando pela Reforma e pela Renascença. Os volumes da formidável bibliografia que dele se ocupa encheriam as estantes de uma biblioteca. Filosofia, artes, sistemas políticos, novos modos de sensibilidade, a cultura, enfim, e a própria civilização ocidental foram direta ou indiretamente afetadas pela visão deformadora que constitui a essência do movimento romântico. Uns o contrapõem ao classicismo, representativo do sentimento da ordem, da lógica, do homogêneo, do abstrato, da razão, da clareza, em oposição às tendências concretas de fato e de vida, de tradição e de movimento que caracterizam, para assim dizer, a estrutura básica do pensamento e sensibilidades românticos. Para outros, o romantismo é simplesmente uma atitude ou o modo de ser de uma época turva e revoltada, reagindo contra as antigas disciplinas que insistiam sem resultado em abafar a ânsia de independência, tão peculiar às multidões libertadas do fim do século XVIII. Na própria expressão – romantismo – depara-se uma dualidade em que se pode distinguir o romantismo do sentimento e o da inteligência. Um é o sinônimo de lirismo e de pessimismo, o segundo, ao contrário, é uma afirmação de generosidade, de ardor, de fé no inesgotável poder do espírito humano.

Um e outro encontram a sua imediata fonte inspiradora em Jean-Jacques. A fórmula é conhecida: tudo no romantismo vem de Rousseau, em Rousseau tudo é romântico. Dele vem em literatura o egocentrismo sentimental e exibicionista, o sonhar inútil e solitário, o orgulho e o espírito de revolta que deram um cunho tão peculiar às gerações atraídas pela sedução do cidadão de Genebra. Não é menor, porém, a sua influência na história política do mundo. Da sua grandiloquência nasceram os lugares-comuns que forneceram à Revolução Francesa a sua empolada fraseologia. Os homens aprenderam no *Contrato Social* as tiradas que serviram tantas vezes contra os tiranos, os poderosos, e aí ouviram pela primeira vez os hinos entoados à igualdade humana e à liberdade dos povos. Inventa-se a retórica política. O mundo ia embriagar-se com palavras. Quarenta anos depois irrompia a revolução e antes a América já tinha iniciado a sua libertação.

No Brasil, as primeiras tentativas nacionalistas ligaram-se à declaração da independência dos Estados Unidos, onde frutificava no campo prático a propaganda iniciada pela Enciclopédia e pelos livros incendiários de Voltaire, de Brissot e de Raynal, precursores da própria Revolução Francesa. De 1770 a 1800 as ideias prediletas de Jean-Jacques inspiraram e guiaram os movimentos revolucionários franco-americanos: soberania do povo, liberdade individual, igualdade racial e política, infalibilidade da nação. Aparecem na Proclamação da Independência e na Constituição da Virgínia de 1776, assim como, mais tarde, em França, na Declaração dos Direitos do homem. Até à apagada existência do Brasil colonial chegaram os ecos dessa renovação messiânica que abalava o mundo. Precederam, como era natural num país inculto, o aparecimento do romantismo literário, que veio influenciar as ideias e os sentimentos da alma nacional. Manifestaram-se, porém, de um modo indiscutível, nas revoluções pernambucanas de 1817 e de 1824. Guiara-as o mais puro entusiasmo romântico.

Romântico foi esse grupo de doze estudantes brasileiros de Coimbra, promovendo em 1786 um encontro entre um deles, José Joaquim da Maia, com Thomaz Jefferson, então embaixador norte-americano em Paris. Reuniram-se o moço brasileiro e Jefferson em Nimes, na Provença. A correspondência de Jefferson com J. Jay revela que, apesar da aparente fleugma, o velho diplomata se entusiasmou pelos planos de estudante, que pedia o apoio do governo de Washington para o estabelecimento do regime republicano no Brasil.*

* Merece maior divulgação a carta de José Joaquim da Maia, que veio a falecer em Portugal. É um belo documento de exaltado patriotismo. Foi o nosso primeiro grito de independência. Escrevia o estudante brasileiro: "Eu nasci no Brasil. Vós não ignoraes a terrível escravidão que faz gemer a nossa patria. Cada dia se torna mais insupportavel o nosso estado depois da vossa gloriosa independencia porque os barbaros Portuguezes, receiosos de que o exemplo seja abraçado, nada omittem que possa fazer-nos mais infelizes. A convicção de que estes usurpadores só meditam novas oppressões contra as leis da natureza e contra a humanidade tem-nos resolvido a seguir o farol que nos mostraes, a quebrar os grilhões a reanimar a nossa moribunda liberdade, quasi de todo acabrunhada pela força, unico esteio da autoridade dos Europeus nas regiões da America. Releva porém que alguma potencia preste auxilio aos Brasileiros, pois que a Hespanha certamente se ha de unir com Portugal: e apezar de nossas vantagens em uma guerra defensiva não poderiamos contudo levar sós a effeito essa defeza, ou pelo menos seria imprudência tental-o sem alguma esperança de bom exito. Nesse estado de coisas, Senhor, olhamos, e com razão somente para os Estados-Unidos, porque seguiriamos o seu exemplo, e porque a natureza fazendo-nos habitantes do mesmo continente como que nos ligou pelas (cont.)

Românticos também, Domingos Vidal Barbosa e José Alvares Maciel do mesmo grupo dos doze de Coimbra, que planejaram e organizaram em Minas uma resistência à imposição da derrama para a cobrança dos impostos do ouro – mera tentativa de sublevação que não chegou a ter início.

Românticos, os promotores da revolução de 1817, em Pernambuco, em que a "eloquência ossiânica" de Domingos José Martins datava as suas proclamações da "segunda era da liberdade pernambucana". Aí em tudo se imitavam os exageros da Revolução Francesa, desde o apelo às senhoras patriotas convidando-as a se desfazerem das suas joias e ornatos contrários à austeridade republicana, até o corte dos cabelos que deviam ser usados "à Tito".

(cont.) relações de uma patria commum. Da nossa parte estamos preparados a despender os dinheiros necessarios, e a reconhecer em todo o tempo a obrigação em que ficaremos para com nossos bemfeitores.

"Tenho-vos exposto, Senhor, em poucas palavras, a summa do meu plano. Foi para dar-lhe um andamento que vim á França, pois que na America teria sido impossivel mover um passo, e não suscitar desconfiança. A vós pertence decidir si pode executar-se a empresa. Se quereis consultar a vossa nação, prompto estou a offerecer-vos todos os esclarecimentos precisos".

Esta carta está na biblioteca da secretaria dos negócios estrangeiros de Washington. Dela há uma fotografia no arquivo do Instituto Histórico, mandada tirar pelo Conselheiro Lopes Netto. É escrita em francês muito incorreto, e Maia a subscreve com o pseudônimo de Vendek.

Romântico, o príncipe de 24 anos que veio representar no drama da nossa independência o próprio momento histórico que vivia o mundo, sofria como os contemporâneos do vício das palavras grandiloquentes; cortejava a opinião, "essa rainha do mundo", e no ambiente meio selvático da terra adotiva soltava em liberdade o temperamento ardente de jovem herói sem modos.

Romântico, o nosso pacto constitucional – excelente espécime de romantismo político, disse Sílvio Romero – e que comentadores mais tarde afirmavam assentar em três princípios de um delirante misticismo: "a soberania universal, a unidade da soberania organizada e o equilíbrio do mandato."

O país nascia assim sob a invocação dos discursos e das belas palavras. Endeusamento, na política, do mesmo liberalismo verboso e sonoro que Victor Hugo ia reclamar para a literatura no prefácio do *Hernani*. Era o vocabulário de Jean-Jacques aplicado ao país semivirgem, apenas egresso de um longo colonato. Semelhante ao ingrato território de Berne que Rousseau, de joelhos e em lágrimas, abraçava e beijava, o Brasil aparecia como a terra da liberdade. Por ele lutou, com todo o seu tradicionalismo romântico, a maçonaria, desde a *Sociedade dos Jardineiros* que Francisco Gé Acayaba de Montezuma fundava na Bahia, até o *Grande Oriente do Brasil*, sob a direção suprema de José Bonifácio, e de que fazia parte o príncipe com o nome de Guatimozim.

São da história da época as dissensões maçônicas, que provocaram a dissolução do *Grande Oriente* por intervenção pessoal do Imperador já então filiado aos Cavalheiros da Santa Cruz, entre os quais se inscreveu sob o nome simbólico de Rômulo...

Romantismo, romantismo, romantismo.

O mal ia, porém, invadir o país de uma maneira mais intensa e mais estranha. O meio era-lhe propício.

O desequilíbrio das inteligências representava as incertezas sociais e políticas do movimento histórico. O século XVIII no Brasil Colônia tinha sido o prolongamento da indigência intelectual da metrópole. A escravidão agravava com a sua ação deletéria a prematura senilidade que aparentavam os grandes centros populosos. Pelos sertões tinham desaparecido as tradições seculares que promoveram, no período heroico, a descoberta, o povoamento e a exploração do país. São Paulo dormia ainda o sono de hibernação sob o domínio dos governadores fidalgos. Minas era um deserto de ruínas, onde se refugiara o latinório dos administradores obsoletos, um ou outro vestígio de cultura própria de gente que fora rica, e o arcadismo português dos poetas da Inconfidência. O Nordeste vivia isolado no seu pastoreio. Para o interior profundo do país se refazia o deserto, já sem pioneiros.

Como nos primeiros séculos, a civilização, ou que melhor nome tenha, se limitava à faixa litorânea.

Aí a chegada da corte acentuou a desordem dos espíritos pela transplantação de um organismo vetusto e anacrônico para a ingenuidade primária das populações. A parte sadia e sólida da emigração – homens de estado de valor, artistas de fama, bom senso atrasado mas útil na desordem colonial, aspectos inéditos de uma vida mais requintada, toda a súbita surpresa dessa invasão – veio acordar a mandrinice brasileira apodrecendo nas delícias da mestiçagem, nas intrigas da carolice, num desleixo tropical, entre mulatas, lundus e festas religiosas.

Nesse ambiente de sensualidade e ignorância deparava-se de vez em quando uma individualidade culta, a quem aperfeiçoara o curso em Coimbra ou a autodidaxia desenvolvida pela inteligência espontânea da raça – núcleo de seleção em que se preparou e se realizou o movimento de independência, arrastando a indolência e o indiferentismo das massas. Formou-se, assim, o grupo escolhido e de incontestável valor moral e intelectual, a quem coube a princípio a direção dos negócios públicos e em seguida os principais papéis na comédia parlamentar que veio a ser, em grande parte, a história política do Império. Presa fácil para o romantismo, que com as galas de moda francesa atravessava os mares, de 1820 a 1830, sob a inspiração de Hugo, Vigny, Lamartine e depois de Lamennais.

Costuma-se dizer que a nova escola literária chegou ao Brasil em 1836, com os *Suspiros poéticos e Saudades*, de Gonçalves de Magalhães. Uma simples data, como ponto de referência para estudos críticos. O livro, que é medíocre, teve realmente um sucesso hoje incompreensível. Correspondia, porém, a um estudo de espírito em evolução, a uma nova sensibilidade latente e de que já havia traços na política nacional e na poesia do nosso pré-romantismo desde certas tendências da escola mineira até o anacreontismo do Patriarca. Os jornais da época, no Rio, atestam a pobreza do meio literário. Os livreiros anunciavam como última novidade a *Galatée*, de Florian, e o *Honrado Negociante*, de Marmontel; para os mais requintados, o *Chevalier de Faublas* e as *Aventures de Télémaque*. Aos poucos leitores os anódinos *Suspiros* de Magalhães impressionaram certamente como uma manifestação revolucionária e, diríamos hoje, modernista.

Acolheram-na dois centros intelectuais que eram as escolas de direito fundadas em 1827 em Olinda e São Paulo*, e em que se formaram, sobretudo na última, os dois grandes focos de infecção romântica.

Em Pernambuco dominou por mais tempo o que restava no Brasil de espírito colonial. Era

---
* A criação das escolas foi o resultado de uma proposta que em 1832 apresentava à Câmara um grupo de deputados chefiados por Martim Francisco. Dizia o projeto de lei: "*Haverão* duas universidades..." Estava patente a necessidade de instrução, pelo menos primária.

uma Coimbra brasileira que se instalava numa dependência do convento de São Bento. O seu papel no preparo da mocidade estudiosa do país foi acentuadamente político e jurídico. Educava homens práticos, os idealistas vieram depois*, só muito mais tarde, com Tobias Barreto e Castro Alves. Na nossa formação política, porém, a influência pernambucana representou uma extensa tradição liberal e nativista, desde os tempos de Frei Francisco do Rosário, de Jorge de Albuquerque, do autor do *Diálogo* e de Bento Teixeira Pinto – disse Capistrano – e desde a reação da guerra holandesa até as tentativas revolucionárias de 1710, 1817 e 1824. E de Olinda e Recife sairam os mais notáveis políticos do segundo império: Nabuco, Euzébio, Ferraz, Wanderley, Sinimbu, Zacharias.**

---

* Clovis Beviláqua. *História da F. de D. do Recife*, II vol.
** De uma carta do Dr. Netto Campello, diretor da Faculdade de Direito de Recife, respondendo a uma indagação de Graça Aranha, extraímos as seguintes linhas: ... "toda a vida academica anterior a 68 pode ser fixada em tres periodos ou epocas distinctas: uma, digamos utilitaria, em que a feição pragmatica do ensino como que desviou a mocidade dos devaneios da ficção; outra, já em Recife, em que as manifestações de religiosidade tudo absorveram; uma terceira, mais ou menos incolor, verdadeiro periodo preparatorio da epoca vibrante, tumultuaria, que lhe succedeu e em que brilharam Castro Alves, Tobias, etc.".

São Paulo, pelas condições especiais de meio e geográficas, teve influência mais intensa na formação social e intelectual. Foi o grande centro romântico.

A própria cidade, no seu tradicional isolamento de serra acima, oferecia um aspecto romanticamente melancólico e espanhol, entre pinheiros e casuarinas, com as suas tardes cinzentas de vento sul. Por meados do século passado, pelas ruas desertas calçadas de pedras vermelhas, ainda passava uma ou outra cadeirinha levada por escravos de calção e libré. À tarde, despertavam o sossego provinciano as cavalgadas de estudantes que iam namorar e espairecer pelos arrabaldes; às ave-marias, os presos da cadeia, acorrentados aos pares, acendiam, entre ruído de ferros, os lampiões da iluminação pública. Duas ou três horas depois, o sino grande do Colégio tocava longamente a hora de recolher. Começava a vida noturna da cidadezinha acadêmica. Pelos bairros afastados, na Ponte Grande, Glória, Consolação, Pinheiros, Marco de Meia-légua, enchiam-se de estudantes as vendas à beira da estrada. Como nas orgias de Newstead, se bebia cachaça em crânios humanos, coroados de rosas. Era a *Noite na Taverna*.

Byron era o deus desse culto, que se celebrava – como dizia um verso do tempo – um ambiente exaltado de

"Mysterio, Noite, Amor, Infamia e Pranto".

Em 1845, fundava-se em São Paulo a "Sociedade Epicuréa". "Eram diversos os pontos em que nos reuníamos: ora nos Ingleses, ora nalgum outro arrabalde da cidade, narra um dos membros da associação. Uma vez estivemos encerrados quinze dias, em companhia de perdidas, cometendo ao clarão de candieiros, por isso que todas as janellas eram perfeitamente fechadas desde que entravamos até sahir, toda a sorte de desvarios que se podem conceber".*

Álvares de Azevedo, Aureliano Lessa, Bernardo Guimarães foram os poetas célebres desse cenáculo. Davam a nota entre a estudantada da época, sobretudo o primeiro, de uma precocidade genial. Nos meios acadêmicos celebrizaram-se tanto pelo talento lírico dos seus vinte anos em pleno desabrochar como pelas excentricidades de românticos descabelados, tentando realizar numa vida acanhada as idealizações de Byron, Musset, Espronceda e George Sand.

Levavam a loucura aos mais incríveis extremos. Ceavam e embriagavam-se com morféticos acampados nas imediações da cidade. Um poeta apanhou a terrível moléstia nessas saturnais do byronismo. Outros se perderam no alcoolismo barato, que sempre foi de moda na velha academia

---

* Paulo do Valle, citado por Spencer Vampré. *Memórias para a História da Academia de S. Paulo.* vol. I.

paulistana, ou devorados pela sífilis das cafuzas e sararás, que pululavam à noite nas ruas escuras da Pauliceia, comparsas repugnantes nos "punchs" das vendas ou nos "banquetes negros" dos cemitérios. Um destes ficou assinalado nos anais acadêmicos. Fora organizado por uns trinta rapazes sobre as pedras tumulares da Consolação e ao clarão de uma lua romântica embaciada de garoa. Esquentados pelo cognac, resolveram aclamar uma Rainha dos Mortos. Violaram uma sepultura recente para dela retirarem um caixão levado à cidade em procissão ao som de um cantochão de defuntos e à procura de alguma pobre coitada que se prestasse à macabra comédia. Trouxeram-na à força, fechada no caixão ainda sujo de terra e molambos de carne; desceram-no entre cantos e recitativos até o fundo da cova e aí ia realizar-se o ajuntamento simbólico, quando se verificou que a desgraçada tinha realmente sucumbido no pavor de tão fúnebre encenação. "Osculei um cadáver", rugiu entre horrorizado e triunfante o "noivo do sepulcro", soltando a demoníaca gargalhada da época...*

Mocidade, romantismo, literatura.
De 1840 em diante, e talvez se possa dizer até hoje, essas gerações de moços, espalhando-se

---
* Dr. Pires de Almeida. A Escola byroniana no Brasil (*Jornal do Commercio*, 1904-1905).

anualmente pelo país inteiro, levavam para o que se chamava nos banquetes de formatura "a vida prática", as miragens, as ilusões poéticas, o mau gosto artístico e literário, a divinização da Palavra, todo o divórcio entre a realidade e o artifício, que é, em suma, a própria essência do mal romântico. Vinha a infecção das margens do Tietê ou do Capibaribe e aos poucos contaminava o Brasil inteiro. Caracterizam-na dois princípios patológicos: a hipertrofia da imaginação e a exaltação da sensibilidade. Deformou insidiosamente o organismo social, muitas vezes sob o disfarce de inteligências brilhantes em que a facilidade de apreensão e de expressão substitui a solidez do pensamento e do estudo. Dá ao Brasil, neste momento de progresso material e de mentalidade prática e concisa, o aspecto anacrônico de gente viva falando uma língua morta. Tudo avassalou: política, literatura, artes, viver cotidiano, modos de sentir, afeições.

Em política – na qual é feita de boa-fé – domina o país o mesmo liberalismo palavroso da nossa origem romântica, desde a Constituição imperial, o Ato Adicional, o parlamentarismo até o pacto fundamental da República. A arte de governar tem sido um habilidoso discursar em que sempre reaparecem, com outras roupagens, as velhas ideias de Hugo, de Michelet e de Quinet. Declarações, por sua própria natureza, sisudas e ponderadas tomam a aparência dos piores desvarios do romantismo. No império, um chefe do partido liberal, diplomata e senador, exclamava como um herói de Ossian: "Sahiu-me de encontro a politica, a infecunda Messalina, que de seus braços convulsos pelo hysterismo a ninguem deixa sahir senão quebrantado e inutil; veiu-me ao encontro, arrastou-me para as suas orgias...". Outro, orfador dos mais afamados, em pleno parlamento, perorava em discurso célebre: "Em nosso paiz, na pedra isolada do valle, na arvore gigante da montanha, no pincaro agreste da serrania, na terra, no céu e nas aguas, por toda a parte, Deus estampou o verbo eterno da liberdade creadora na face da natureza, antes de graval-a na consciencia do homem".

Ainda agora, na *realpolitik* deste século, é quase sempre um documento puramente romântico a mensagem – plataforma dos nossos chefes de Estado. Um destes dedicou em peça oficial uma alínea inteira à apologia do amor. Em literatura, basta abrir um jornal, ouvir uma conferência, ou folhear o último livro publicado para se descobrirem, latentes, inconscientes mas indeléveis, os traços sintomáticos da infecção romântica. Apesar da crescente influência da revolução modernista, que está transformando o mundo, a nossa indolência primária ainda se compraz no boleio das frases, na sonoridade dos palavrões, "nas chaves de ouro". A existência mesma do indivíduo, em suas relações sociais e afetivas – as nossas histórias de amor, os estados d'alma, as feições e gestos, os mais íntimos sentimentos – têm um irresistível pendor para efusões literárias, que um entusiasmo malcontido, explosivo, faz oscilar entre o vulcanismo e a tartarinada. Só escapam à nefasta influência os simples, os analfabetos, os que representam ingenuamente a alma popular, ou então os raros que tentaram e souberam evitar o perigo da deformação literária.

Nos países da Europa, onde nasceu e medrou o romantismo, sua ação foi intensa na vida social da época, sobretudo no período de 1830 a 1850, em que a literatura influenciou de modo tão sensível a própria sociedade e seus costumes, e foram inumeráveis as "victimas do livro", como dizia o revoltado Jules Vallés. Época dos lagos serenos, dos luares de prata, dos sinos da tarde. Foi moda que passou. Dela apenas ficaram as obras-primas que a inspiraram. No Brasil, do desvario dos nossos poetas e da altiloquência dos oradores, restou-nos o desequilíbrio que separa o lirismo romântico da positividade da vida moderna e das forças vivas e inteligentes que constituem a realidade social. Hipertrofia da imaginação e da sensibilidade, e pela lei das reações em que todo excesso se paga, misantropia e pessimismo. São dois característicos do mal do século. O romântico adora a própria dor. É a fonte mais abundante da sua inspiração. "Homem", exclamava o autor de *Atala*, "tu só existes pela tristeza de tua alma e pela eterna melancolia do teu pensamento." O romantismo foi de fato um criador de tristeza pela preocupação absorvente da miséria humana, da contingência das coisas, e sobretudo pelo que Joubert chamava o insuportável desejo de procurar a felicidade num mundo imaginário.

Entre nós, o círculo vicioso se fechou numa mútua correspondência de influências: versos tristes, homens tristes; melancolia do povo, melancolia dos poetas. A nossa primeira geração romântica já fora triste, porque religiosa e moralizante, observou José Veríssimo; na segunda, a tendência se acentuou pelo cepticismo e desalento dos chefes da escola. Perseguia-os a ideia contínua da morte próxima e, como a uma mulher desejada, lhe faziam versos amorosos.

Quase todos os nossos poetas desse tempo morreram moços e tiveram o pressentimento dessa fatalidade. Morte e amor. Os dois refrões da poesia brasileira. O desejo de morrer vinha-lhes da desorganização da vontade e da melancolia desiludida dos que sonham com o romanesco na vida de cada dia. E fisicamente fracos pelo gasto da máquina nervosa, numa reação instintiva de vitalidade, procuravam a sobrevivência num erotismo alucinante, quase feminino. Representavam assim a astenia da raça, o vício das nossas origens mestiças.

Viveram tristes, numa terra radiosa.

Post-Scriptum

Em meio dos defeitos de que deve estar inçado este livro, será forçoso reconhecer-lhe uma qualidade: não é regionalista, a menos que se queira atribuir ao Brasil inteiro a pecha de ser simplesmente uma região do continente americano. Fiquem, assim, tranquilos os adversários do regionalismo. Pensado e escrito numa cidade de província, gaba-se o autor de ter fechado os olhos à mera aparência das cousas ambientes, absorvente, tirânica e tantas vezes falsa.

Para fugir à influência do bovarysmo paulista, talvez desculpável pecado de mocidade, quem escreveu estas linhas adotou, como se fosse artista, o processo goetheano na criação das obras da arte: isolou-se. A província, em falta de outros atrativos, sabe proporcionar a quem nela vive e trabalha, na serenidade da involuntária solidão, o dom inestimável da liberdade e do sossego: só nela é possível imaginar a longa sala de estudo, com que sonhava Renan, forrada de livros por dentro, revestida por fora de rosas trepadeiras e escondida na paz de um bairro tranquilo. A mim, esse isolamento provinciano deu-me perspectiva suficiente para alongar a vista pelo Brasil todo, pelos outros Brasis, onde com frequência se encontra o segredo do passado e a decifração dos problemas de hoje. Mesmo para tratar da tristeza brasileira foi necessário reagir contra o exagero desse sentimento nas populações desta província. Nem todo o país sofre, como aqui, do mal soturno. Estudá-lo neste recesso, onde se apurou e se fortaleceu, seria estender erradamente sobre o resto do nosso povo o véu melancólico da tristeza paulista, já conhecido de Anchieta e que, mais que nenhum outro, pesa e asfixia. Seria adotar as generalizações deformadoras do regionalismo...

Este "Retrato" foi feito como um quadro impressionista. Dissolveram-se nas cores e no impreciso das tonalidades as linhas nítidas do desenho e, como se diz em gíria de artista, das "massas e volumes", que são na composição histórica a cronologia e os fatos. Desaparecem quase por completo as datas. Restam somente os aspectos, as emoções, a representação mental dos acontecimentos, resultantes estes mais da dedução especulativa do que da sequência concatenada dos fatos. Procurar, deste modo, num esforço nunca atingido, chegar à essência das coisas, em que à paixão das ideias gerais não falte a solidez dos casos particulares. Considerar a história não como uma ressurreição romântica, nem como ciência conjectural, à alemã; mas como conjunto de meras impressões, procurando no fundo misterioso das forças conscientes ou instintivas as influências que dominaram, no correr dos tempos, os indivíduos e a coletividade. É assim que o quadro – para continuar a imagem sugerida – insiste em certas manchas, mais luminosas, ou extensas, para tornar mais parecido o retrato.

Na sua magistral dissertação "Como se deve escrever a história do Brasil" já Martius duvidava da importância real de repetir-se o que cada governador fez ou deixou de fazer, o indagar-se de fatos de nenhum alcance histórico sobre a administração de cidades, municípios ou bispados, ou a escrupulosa acumulação de citações e autos que nada provam, sendo muitas vezes de duvidosa autenticidade. Outro campo, mais vasto, mais pro fundo, indica o grande sábio a quem se propuser a escrever o que os alemães chamariam a história pragmática do Brasil.

Largo estudo em que apareceriam, encontrando-se e fundindo-se, as três raças cujos efeitos de recíproca penetração biológica deverão produzir o novo tipo étnico que será o habitante do Brasil. Ir procurar na própria terra os resíduos de "uma muito antiga posto que perdida história" e que a ciência moderna começa a ligar e aparentar a outras civilizações primitivas emigradas do ocidente americano, além-mar, e ainda latentes nas mitologias, teogonias e geogonias das raças aborígines. Estudar o povoador português da colonização primeira, e que o momento histórico do Renascimento, a paixão descobridora, a ânsia de enriquecer e viver às soltas lançaram na esplêndida aventura das grandes viagens conquistadoras. Esse colono, célula inicial da nossa formação, procurar apanhá-lo vivo na sua entidade histórica, sitiá-lo na sua roça, na sua fazenda, no seu engenho, no seu curral, ou na incipiente indústria, em intimidade de relações com vizinhos e escravos. Ou encontrá-lo organizador de estradas pelos sertões, cativando índios sob o disfarce da procura de ouro e pedras preciosas, menos feliz na rapina que o seu próprio irmão, o soldado da Índia, aventureiro irrequieto, sem eira nem beira, que sob a égide do cruzeiro atacava, saqueava e destruía as populações indígenas do Malabar. Conhecer, enfim, o negro africano, nos seus costumes, preconceitos e superstições, nos defeitos e virtudes, máquina de trabalho e vício, criada para substituir o índio mais fraco e rebelde, e que se tornou companheiro inseparável do branco, ambicioso e sensual.

Martius foi o primeiro a assinalar o papel do negro na nossa formação racial, e assim tocou no problema mais angustioso dessa evolução. O negro, entre nós, pode ser considerado sob dois aspectos: como fator étnico, intervindo pelo cruzamento desde os primeiros tempos da colônia – e como escravo, elemento preponderante na organização social e mental do Brasil.

Já na armada de Cabral havia escravos, diz Varnhagen. Na capitania de São Vicente, dezesseis anos depois de fundada, avultava a escravaria africana.* Exportava-a Portugal em larga escala; segundo Domingos de Abreu Brito, de 1575 a 1591, o tráfico para as colônias elevou-se a mais de 52 mil peças. Em 1584, Anchieta calcula em 10 mil os africanos de Pernambuco, em 3 mil os da Bahia. Em 1600, refere Capistrano, a colônia devia possuir cerca de 20 mil negros da África, incluindo os filhos de africanos. Por essa época, já devia ser intenso o processo geral de cruzamento, ramificando-se nas mais variadas designações: mamelucos, mazombos, crioulos, mulatos, curibocas, caboclos. Exemplo frisante é o de João Fernandes, que veio à confissão durante a visitação do Santo Ofício em 1594, em Pernambuco, filho de francês e de mameluca, amancebado com uma mulata.**

Na colônia, o fator africano não se isolou ao dar-se a fusão dos elementos de povoamento. Ao contrário. Assim como o braço negro substituiu o trabalho indígena, sensivelmente inferior ao

---

* É uma informação de Varnhagen. Capistrano não a julga provável. Em 1630, porém, a escravidão africana já estava muito desenvolvida na capitania de São Vicente. O códice "Pernambuco" da coleção Castello Melhor, M. S. da Bibliot. Nac. I. 1. 2. 44, diz: "La tierra y villa de San Paulo tiene muchos Indios de pais conquistados y muchos negros de Angola de los navios que todos los años van al rio de Janeiro que está ally serca..."

** Visitação do Santo Ofício a Pernambuco. M. S. inédito do Arquivo Nacional do Tombo.

africano, do mesmo modo a negra, mais afetuosa e submissa, tomou no gineceu do colono o lugar da índia. A hiperestesia sexual, que vimos no correr deste ensaio ser traço tão peculiar ao desenvolvimento étnico da nossa terra, evitou a segregação do elemento africano, como se deu nos Estados Unidos dominados pelos preconceitos das antipatias raciais. Aqui a luxúria e o desleixo social aproximaram e reuniram as raças. Nada e ninguém repeliu o novo afluxo de sangue. Salvo uma ou outra objeção aristocrática, que já não existe, o amálgama se fez livremente, pelos acasos sexuais dos ajuntamentos, sem nenhuma repugnância física ou moral. Repetiu-se o que já acontecera com o índio cruzado com o europeu adventício na poliginia dos primitivos povoamentos. Pelo contrário, tornou-se lendária a sedução da negra e da mulata para o colono português.

O nosso problema é, pois, diferente do norte-americano, que é complexo pelo conflito racial que aqui não existe e pelas dificuldades econômicas e políticas, sem solução nos Estados Unidos, a não ser pelo extermínio de um dos adversários. Entre nós, a mescla se fez aos poucos, diluindo-se suavemente pela mestiçagem sem rebuço. O negro não é um inimigo: viveu, e vive, em completa intimidade com os brancos e com os mestiços que já parecem brancos. Nascemos juntos e juntos iremos até o fim de nossos destinos.

Há, porém, o problema da biologia, o da etnologia, e mesmo o da eugenia. A questão da desigualdade das raças, que foi o cavalo de batalha de Gobineau e ainda é hoje a tese favorita de Madison Grant proclamando a superioridade nórdica, é questão que a ciência vai resolvendo no sentido negativo. Todas as raças parecem essencialmente iguais em capacidade mental e adaptação à civilização. Nos centros primitivos da vida africana, o negro é um povo sadio, de iniciativa pessoal, de grande poder imaginativo, organizador, laborioso. A sua inferioridade social, nas aglomerações humanas civilizadas, é motivada, sem dúvida, pelo menor desenvolvimento cultural e pela falta de oportunidade para a revelação de atributos superiores. Diferenças quantitativas e não qualitativas, disse um sociólogo americano: o ambiente, os caracteres ancestrais, determinando mais o procedimento do indivíduo do que a filiação racial.

Afastada a questão de desigualdade, resta, na transformação biológica dos elementos étnicos, o problema da mestiçagem. Os americanos do Norte costumam dizer que Deus fez o branco, que Deus fez o negro, mas que o diabo fez o mulato. É o ponto mais sensível do caso brasileiro. O que se chama a arianização do habitante do Brasil é um fato de observação diária. Já com $1/8$ de sangue negro, a aparência africana se apaga por completo: é o fenômeno do "passing", dos Estados Unidos. E assim no cruzamento contínuo de nossa vida, desde a época colonial, o negro desaparece aos poucos, dissolvendo-se até a falsa aparência de ariano puro.

Etnologicamente falando, que influência pode ter no futuro essa mistura de raças? Com o indígena, a história confirmou a lei biológica da heterose em que o vigor híbrido é sobretudo notável nas primeiras gerações. O mameluco foi a demonstração dessa verdade. Nele se completaram admiravelmente – para a criação de um tipo novo – as profundas diferenças existentes nos dois elementos fusionados. A história de São Paulo, em que a amalgamação se fez intensamente, favorecida pelo segregamento, é prova concludente das vantagens da mescla do branco com o índio. Hoje, entretanto, depois de se desenrolarem gerações e gerações desse cruzamento, o caboclo miserável – pálido epígono – é o descendente da esplêndida fortaleza do bandeirante mameluco. A mestiçagem do branco e do africano ainda não está definitivamente estudada. É uma incógnita. Na África do Sul, Eugen Fischer* chegou a conclusões interessantes: a hibridação entre boers e hottentotes criou uma raça mista, antes uma mistura de raças, com os característicos dos seus componentes desenvolvendo-se nas mais variadas cambiantes. Tem, no entanto, um defeito persistente: falta de energia, levada ao extremo de uma profunda indolência. No Brasil, não temos

---

* Eugen Fischer. *Die Reobother Bastards und das Bartardie rungsproblem der Menschen.*

ainda perspectiva suficiente para um juízo imparcial. A arianização aparente eliminou as diferenças somáticas e psíquicas: já não se sabe mais quem é branco e quem é preto. Na Austrália, Mark Twain encontrou situação idêntica, em que era falta de tato perguntar, na sociedade, notícias do avô...

O mestiço brasileiro tem fornecido indubitavelmente à comunidade exemplares notáveis de inteligência, de cultura, de valor moral. Por outro lado, as populações oferecem tal fraqueza física*, organismos tão indefesos contra a doença e os vícios, que é uma interrogação natural indagar se esse estado de coisas não provém do intenso cruzamento das raças e sub-raças. Na sua complexidade, o problema estadunidense não tem solução, dizem os cientistas americanos, a não ser que se recorra à esterilização do negro. No Brasil, se há mal, ele está feito, irremediavelmente: esperemos, na lentidão do processo cósmico, a decifração do enigma com a serenidade dos experimentadores de laboratório. Bastarão cinco ou seis gerações para estar concluída a experiência.

O negro, porém, além de elemento étnico, representou na formação nacional outro fator de

---

* Piso, no século XVI, já observava que a mescla das três raças, europeia, americana, africana, tinha produzido novas doenças, ou as conhecidas tão modificadas que eram verdadeiros enigmas para os médicos.

imensa influência: foi escravo. Um dos horrores da escravidão é que o cativo, além de não ter a propriedade do seu corpo, perde também a propriedade de sua alma. Essa fraqueza transformou-se em função catalítica no organismo social: reduziu à própria miséria moral e sentimental do negro a ilusória superioridade do senhor de escravos. Vimos nos diferentes séculos a que ponto de infiltração chegou na sociedade colonial o predomínio do africano e do mulato. Nos tempos de hoje nos esquecemos de que há poucas décadas ainda viviam no país cerca de 2 milhões de escravos, numa população total de catorze milhões de que uma boa parte era de mestiços. Na promiscuidade do convívio, verificava-se que a escravidão foi sempre a imoralidade, a preguiça, o desprezo da dignidade humana, a incultura, o vício protegido pela lei, o desleixo nos costumes, o desperdício, a imprevidência, a subserviência ao chicote, o beija-mão ao poderoso – todas as falhas que constituíram o que um publicista chamou a filosofia da senzala, em maior ou menor escala latente nas profundezas inconfessáveis do caráter nacional.

Foi essa a visão genial que Martius teve da nossa história quando aconselhava o estudo das três raças para a sua completa compreensão. Hoje é quase um lugar-comum falar-se no *melting pot* em que se fundem as três grandes contribuições étnicas do nosso passado, representando três continentes, às quais se juntaram mais tarde as imigrações europeias de vários sangues e que deverão ter profunda influência no brasileiro futuro. A fusão foi iniciada desde a descoberta e diariamente continua a evolução em que se prepara a consolidação da raça e da sua estrutura social. Na ordem psicológica, o problema é igualmente complexo. Sugerimos nestas páginas o vinco secular que deixaram na psique nacional os desmandos da luxúria e da cobiça, e em seguida, na sociedade já constituída, os desvarios do mal romântico. Esses influxos desenvolveram-se no desenfreamento do mais anárquico e desordenado individualismo, desde a vida isolada e livre do colono que aqui aportava, até as lamúrias egoístas dos poetas enamorados e infelizes. Como reagentes nos faltaram, na nossa crise de assimilação, o elemento religioso, a resistência puritana da Nova Inglaterra, a hierarquia social dos velhos pioneiros americanos, o instinto de colaboração coletiva. *Ubi bene, ibi patria*, diz o nosso profundo indiferentismo, feito de preguiça física, de faquirismo, de submissão resignada diante da fatalidade das coisas. Nos primeiros tempos produzimos os mais magníficos exemplares de bruta força humana, mas não conseguimos preparar a argamassa que liga os grandes povos idealistas. Explosões esporádicas de reação e entusiasmo apenas servem para acentuar a apatia cotidiana.

A indolência e a passividade das populações facilitaram, porém, a preservação da unidade social e política do vastíssimo território. Apenas teve Portugal ideia da topografia de seus domínios americanos, traçou-lhes logo por limites o Amazonas e o Prata, fronteiras naturais, orgânicas dentro das quais se desenvolveu a atividade vital da colônia, rompendo as barreiras políticas que tentaram fixar o Tratado de Tordesilhas e os que se seguiram.* Neste vasto território pôde a administração conservar a coesão da nova terra favorecida pela língua comum (nenhum dialeto perturba essa uniformidade), pelo culto da mesma religião, pelo ódio inato e tradicional ao castelhano. O atraso, os próprios vícios e defeitos da burocracia central portuguesa foram os fatores preponderantes nesse processo de unificação. A tradição histórica forjara, durante séculos, um formidável instrumento de influência e governo na organização centralizadora da metrópole. Já Dom João IV, ao assumir o governo, em 1640, conservara a estrutura administrativa colonial que tinham dado a Portugal os reis espanhóis. Com pequenas modificações de regulamentos, essas leis perduraram até 1808. O papel supremo competia ao Conselho d'Estado, a quem incumbia a nomeação dos vice-reis e governadores, a escolha dos membros de outros conselhos e a direção dos negócios estrangeiros. O antigo Conselho das Índias (a casa da Mina ou casa de Guiné) transformara-se em

---

* Capistrano de Abreu. Sobre uma história do Ceará. *Rev. Brasileira*, ano III, tomo IX.

Conselho Ultramarino, dirigindo as possessões de além-mar em todos os casos civis, militares e religiosos. Apresentava candidatos aos bispados e arcebispados coloniais e aos lugares de governadores, exceto ao de vice-rei e governador-geral da Bahia. Arrendava os rendimentos do fisco nas colônias e depositava os saldos no tesouro real. Apesar de ter a fiscalização dos tribunais das colônias, pertencia a um outro conselho privado (o desembargo do paço) a proposta ao rei dos candidatos às funções judiciárias, tanto nas colônias como na própria metrópole. Havia, porém, falhas graves nessa organização. A competência, por exemplo, do Conselho Ultramarino era extensa mas insuficientemente delimitada, e, não lhe pertencendo a nomeação dos governadores e juízes, faltava-lhe autoridade sobre esses representantes do poder real. Entretanto, em todos os ramos da atividade social da colônia, se sentia a ação contínua e minuciosa da pesada máquina administrativa de Lisboa. Pôde, assim, nivelar o terreno, como um compressor. A ela devemos, em grande parte, a preservação da unidade territorial até o movimento separatista que iniciou a chegada do Príncipe Regente. Bolívar, no mesmo continente e à frente da Venezuela, da Nova Granada, do Peru, da Bolívia, não alcançou o mesmo resultado, apesar da identidade de origem, de língua e de costumes dos países que o seu gênio guerreiro libertara. Entre nós, encerrado o período colonial, o Brasil-Reino, a intervenção superior dos homens da independência e do primeiro reinado, a extinção da guerra civil, a centralização monárquica completaram a obra que os séculos tinham lentamente preparado. Ao chegarmos aos dias de hoje, é esse o grande milagre.

Fixemos o olhar por um instante na realidade visível, palpável e viva desse Hoje que surge, se transforma e desaparece num relance, como na corrida de um automóvel a paisagem que passa.

Damos ao mundo o espetáculo de um povo habitando um território – que a lenda mais que a verdade – considera imenso torrão de inigualáveis riquezas, e não sabendo explorar e aproveitar o seu quinhão. Dos agrupamentos humanos de mediana importância, o nosso país é talvez o mais atrasado. O Brasil, de fato, não progride; vive e cresce, como cresce e vive uma criança doente no lento desenvolvimento de um corpo mal organizado. Se esta terra fosse anglo-saxônica, em trinta anos teria 50 milhões de habitantes, afirmou Bryce com o seu desdém britânico. Ao contrário, espalham-se pelo nosso território grupos humanos incertos, humildes, salvo um ou outro foco de expressão nativista, abafados e paralisados em geral por uma natureza estonteadora de pujança, ou terrivelmente implacável. Aí vivem à solta, numa terra comum. A população aumenta por uma proliferação que o clima favorece; éramos 3 milhões ao começar o século XIX; já chegamos a 35 milhões, ou mais, com um crescimento anual, nestes últimos tempos, de perto de um milhão. Atingiremos com relativa facilidade os algarismos astronômicos das imensas aglomerações asiáticas, mas em quase toda a extensão das costas longuíssimas, os velhos caranguejos de frei Vicente se limitam a arranhar as areias do litoral. O sertão todo, o grande sonho dos pioneiros, segregado na sua longínqua independência, é a mesma terra que palmilharam Spix e Martius, Saint-Hilaire, Neuwied, Mawe e tantos outros. Como no tempo dos "valentões" de que falava Southey, o cangaço domina o âmago do país: é uma tradição do mandonismo. Nas povoações crestadas do Nordeste reinam, como nas épocas primitivas, as crendices e o fanatismo das "santidades". O paludismo, a cachaça, a sífilis, o amarelão, a indolência desanimada completam o quadro. E assim vegetam no nosso grande Planalto Central mais de 5 milhões dos nossos 8,5 milhões quilômetros quadrados.

Pelas costas do oceano, e em manchas de civilização material, nos planaltos da Serra do Mar, da Mantiqueira e nos campos do Sul, o progresso é uma indústria que, como na China, é explorada, numa rápida absorção, pelos capitais estrangeiros e os poucos grupos financeiros nacionais que só cogitam – como é natural – dos próprios interesses.

Nesse oásis, e revivendo o tempo das bandeiras, tudo se deve à iniciativa privada. Foi o particular que desbravou a mata, que ergueu as plantações, que estendeu pela terra virgem os trilhos dos caminhos de ferro, que fundou cidades, abriu fábricas, organizou companhias e importou o conforto da vida material. O poder público, pacientemente, esperou os frutos da riqueza semeada. E logo em seguida criou o imposto, como os governadores do século XVIII e a metrópole estúpida, na loucura do ouro, criaram os quintos, os dízimos, as dízimas, a capitação e a derrama. Nesse afã, porém, a administração pública faliu, não podendo acompanhar o movimento progressista, ora lento, ora impetuoso. E, assoberbado, num afobamento tonto, ficou atrás: é quase um empecilho e um trambolho. No resto do país o caso se agrava: os homens, de incapazes, tornaram-se desonestos e, pela cumplicidade dos apaniguamentos eleitorais, aceitaram com pequena relutância o consórcio das funções administrativas com os interesses mercantis. A fragilidade humana fez o resto, que é a vergonha da nação.

Na desordem da incompetência, do peculato, da tirania, da cobiça, perderam-se as normas mais comezinhas na direção dos negócios públicos. A higiene vive, em grande parte, das esmolas americanas; a polícia, viciada pelo estado de sítio, protege criminosos e persegue inocentes; as estradas de ferro oficiais, com os mais elevados fretes do mercado, descarrilam diariamente ou deixam apodrecer os gêneros que não transportam; a lavoura não tem braços porque não há mais imigrantes; desaparece a navegação dos rios; a cabotagem suprime o comércio litorâneo; o dinheiro baixa por decreto, e o ouro que o deve garantir não nos pertence. À lavoura de café acena-se com a valorização artificial dos preços, descuidando-se do barateamento do custeio, do aumento da produção e do desenvolvimento do consumo; os seringais são abandonados, ou vendidos por nada, porque os impostos excedem o preço das mercadorias; o açúcar, como nos tempos coloniais, não pode competir com o estrangeiro; o algodão é vítima da negligência do preparo, da praga, e só existe pela proteção aduaneira; a pecuária, sem seleção e sem transporte, explorando o rebanho nativo, não dá carne para os frigoríficos que funcionam com intermitências, obrigando-nos a recorrer ao charque dos vizinhos; o cacau, sobrecarregado de impostos, não pode lutar contra os concorrentes africanos e asiáticos. A Justiça (sem a qual, dizia o padre Vieira, não há reino, nem província, nem cidade, nem ainda companhia de ladrões que se possa conservar), a Justiça, em contato com os interesses da politicagem, dificilmente resiste ao arbítrio e ao abuso de poder; o Exército, caríssimo, desaparece, desorganizado pelo ódio e pelo medo; a Marinha, sem navios, vegeta na Baía de Guanabara: é uma repartição pública. Está tudo por fazer, nada se faz, e segundo a chapa corrente – não se sabe para quem apelar.

O analfabetismo das classes inferiores – quase de cento por cento – corre parelhas com a bacharelice romântica do que se chama a intelectualidade do país. Sem instrução, sem humanidades, sem ensino profissional, a cultura intelectual não existe, ou finge existir em semiletrados mais nocivos do que a peste. Não se publicam livros porque não há leitores, não há leitores porque não há livros. Ciência, literatura, arte, palavras cuja significação exata escapa a quase todos. Em tudo domina o gosto do palavreado, das belas frases cantantes, dos discursos derramados; ainda há poetas de profissão. Um vício nacional, porém, impera: o vício da imitação. Tudo é imitação, desde a estrutura política em que procuramos encerrar e comprimir as mais profundas tendências da nossa natureza social, até o falseamento das manifestações espontâneas do nosso gênio criador. Emerson dizia dos americanos do seu tempo que a mania da imitação – mal que também conheceram – lhes vinha da superstição da Viagem, fornecedora do alimento espiritual que não sabiam encontrar na própria terra, mas onde somente se desenvolve e se apura a alma da raça. Imitação quer dizer importação. Nesta terra, em que quase tudo dá, importamos tudo: das modas de Paris – ideias e vestidos – ao cabo de vassoura e ao palito. Transplantados, são quase nulos os focos de reação intelectual e artística. Passa pelas nossas alfândegas tudo o que constitui as bênçãos da civilização: saúde, bem-estar material, conhecimentos, prazeres, admirações, senso estético.

Para tamanha importação supõe-se, como nos países sadios, uma formidável exportação. Essa, porém, é antes uma perda de substância, como dizem os alemães, do que a colocação no estrangeiro de produtos de nossa terra e do nosso trabalho. Exportamos sobretudo ouro que não possuímos. Ouro, para os juros e amortizações dos empréstimos exteriores; ouro, para os automóveis que não fabricamos; ouro, para as fitas dos inúmeros cinemas que pululam como sanguessugas até os confins dos sertões. Sangria contínua, exaustiva. Fatal depauperamento de consequências incalculáveis.

Sobre este corpo anêmico, atrofiado, balofo, tripudiam os políticos. É a única questão vital para o país – a questão política. Feliz ou infelizmente, não há outro problema premente a resolver: nem social, nem religioso, nem internacional, nem de raças, nem graves casos econômicos e financeiros. Somente a questão política, que é a questão dos homens públicos. Há-os de todo o gênero: os inteligentes, os sagazes, os estúpidos, os bem-intencionados (dantesca multidão), os que a sorte protege como nas loterias, os efêmeros, os eternos. É o grande rebanho que passa, pastando, de que falava Nietzsche. De vez em quando surge uma individualidade, ou nascente ou já sacrificada pela incomensurável maioria: os nomes dessas exceções, de raros, acodem logo ao bico da pena, mas de fato e desde muito, estão desaparecendo rapidamente os que possuíam, na expressão dos historiadores românticos, "o magnetismo da personalidade".

O mal vem de longe. Em seguida ao primeiro império heroico em que se fundou num ímpeto romântico a nossa nacionalidade – entramos nesse estranho segundo reinado, de homens eminentes, ilustrados (apesar do acentuado atraso português), de ilibado caráter, mas que passaram cinquenta anos a representar, com seriedade e numa terra que era um deserto com povoados esparsos de populações mestiças, a comédia do parlamentarismo à inglesa. Além das leis liberais que eram votadas como se se destinassem ao mais esclarecido dos condados da Inglaterra, e além dos discursos de admirável eloquência parlamentar, só nos ficou, talvez, dessa época falsa e estéril, a consolidação da unidade nacional e a abolição. Apenas duas datas para um longo reinado. O país desconhecia geralmente o que fosse administração pública. O imperador, pouco inteligente, substituindo pelo patriotismo o que lhe faltava em dotes de homem de Estado, não escondia o desprezo pelas preocupações terra a terra da gestão dos negócios públicos. Deu--lhes, porém, uma feição característica, que será a glória da monarquia: o respeito religioso do dinheiro público. Consequência natural de uma das regras do Decálogo, esse princípio fundamental de governo decorria da observação integral e estrita da Lei soberana. Daí o ter sido o Império, por excelência, a época dos jurisconsultos. Atingimos nesse momento o mais elevado ponto de consciência jurídica a que pode chegar um povo. Leis, leis, leis. Só faltou aquela a que se referiu Ferreira Vianna: a lei que mandaria pôr em execução todas as outras. A decadência, no entanto, acentuava-se pelo próprio abandono do princípio monárquico e dinástico. O enfraquecimento do poder moderador – que era a opinião pública existente e indispensável ao regime parlamentar – comprometia o funcionamento regular da máquina política. A questão militar, mal de nascença de que nunca se curou o país, a desorganização dos partidos, as falhas da administração, o romantismo da abolição, a desordem geral dos espíritos – fizeram a República, nesse 15 de novembro que foi a *journée des dupes* da nossa história. E é o que aí está.

O profundo abalo da mudança de forma de governo, a inevitável transmutação de valores sociais e políticos deram, a princípio, uma aparência de vitalidade ao organismo nacional. Mas não estava longe o atoleiro em que hoje chafurdamos. Quarenta anos de experiências malsucedidas nos trouxeram à situação atual. Os homens de governo sucederam-se ao acaso, sem nenhum motivo imperioso para a indicação de seus nomes, exceto o das conveniências e cambalachos da politicagem. Em tão longos anos, só Rio Branco resolveu as questões de limites, o presidente Alves saneou a capital (outra vez em perigo), e reconquistamos o Acre, de novo em começo de abandono. O mais não existirá para a história. Nos Estados, entretanto, instalavam-se as oligarquias, de cujo perigo já nos advertia Saint Hilaire, e sob o disfarce do que se chamou a "política dos governadores". Em círculos concêntricos esse vício orgânico vem cumular no próprio poder central que é o sol do nosso sistema. Aí, realizando o famoso sorites do velho Nabuco, João elege a Pedro, que elege a Antônio, que por seu turno volta a eleger ao João primitivo. Como na Bíblia.

Para tão grandes males parecem esgotadas as medicações da terapêutica corrente: é necessário recorrer à cirurgia. Filosoficamente falando – sem cuidar da realidade social e política da atualidade – só duas soluções poderão impedir o desmembramento do país e a sua desaparição como um todo uno criado pelas circunstâncias históricas, duas soluções catastróficas: a guerra, a revolução.

A guerra, em toda a História, tem sido a terrível reveladora de capacidades que a rotina, a inveja, o egoísmo e a defesa natural dos açambarcadores de posições de mando encobrem, afastam, anulam. Os novos, os pobres, os esquecidos, os oprimidos surgem quando se ateia nas cidades e nos campos o fogo devastador das invasões; é quando se abre o período das falências governamentais. O herói providencial é uma criatura das vicissitudes da guerra. Vem muitas vezes das camadas profundas do povo onde o vão encontrar as necessidades da salvação pública. Será, entre nós, numa longínqua possibilidade, quem sabe, um gaúcho do Sul, ou fazendeiro paulista, ou seringueiro do Acre, ou jagunço do Nordeste, ou mesmo esse desocupado da Avenida Central, frequentador de cafés como Lenin, freguês paupérrimo da Rotonde, do Montparnasse, meses antes de ser ditador e senhor absoluto de 120 milhões de almas.

A Revolução é a outra solução. Não uma simples revolta de soldados, ou uma investida disfarçada para a conquista do poder – formas prediletas nos povos de meia-civilização e que a desordem generalizada tem agora feito surgir em países tradicionalmente cultos. Seria encerrar numa modalidade estreita a ânsia de renovação que é a própria pulsação vital da História. A revolução virá de mais longe e de mais fundo. Será a afirmação inexorável de que, quando tudo está errado, o melhor corretivo é o apagamento de tudo o que foi mal feito. A humanidade, acordando do falso sossego da anteguerra, encaminha-se aos poucos para modificações radicais que lhe transformarão não só o aparelho político e financeiro como também a própria essência mental. Procede-se nessa grande crise – a maior certamente de que tenha conhecimento a memória dos homens – à revisão dos antigos valores materiais e espirituais, até hoje consagrados, e pelos quais se bateram durante séculos Oriente e Ocidente. Entram em luta de vida ou de morte os mais variados "ismos" com que nunca sonhou a filosofia humana: Capitalismo, Comunismo, Fordismo, Leninismo. Força nova que surge como destruidora das velhas civilizações e das quimeras do passado. É a Revolução.

Em meio a esse cataclismo em preparo, que papel caberá ao Brasil? O da mais completa ignorância do que se passa pelo mundo afora. Dorme o seu sono colonial. Ainda acredita no embalo dos discursadores, nas teorias dos doutrinários e na enganadora segurança dos que monopolizaram, pela fraqueza dos indecisos, as posições de domínio e proveitos. Não vê o desastre que se aproxima; não vê o perigo de estarmos à margem dos grandes caminhos mundiais da navegação e da aviação; não vê que a terra se tornou pequena demais para os imperialismos, pacíficos ou guerreiros, e que é um paradoxo a laranjeira à beira da estrada, carregada de laranjas doces. Apesar da aparência de civilização, vivemos assim isolados, cegos e imóveis, dentro da própria mediocridade em que se comprazem governantes e governados. Neste marasmo podre será necessário fazer tábua rasa para depois cuidar de renovação total.

Para o ideal novo caminhamos todos na limitação das nossas contingências, conscientes ou inconscientes, e envolvidos em mil laços que são as tradições, as amizades, o dinheiro, os maus hábitos do meu pensamento e da minha vida – e os vossos...

Estas palavras não serão certamente compreendidas. Para uns, pura fraseologia; para outros, mera manobra de política que toma a tangente de dissertação filosófica. É que a ideia de Revolução, não sendo confusa, é pelo menos complexa. Exprime a síntese de duas tendências opostas: esperança e revolta.

Para o revoltado, o estado de cousas presente é intolerável, e o esforço de sua ação possível irá até a destruição violenta de tudo o que ele condena. O revolucionário, porém, como construtor de uma nova ordem, é por sua vez um otimista que ainda acredita, pelo progresso natural do homem, numa melhoria em relação ao presente. É o que me faz encerrar estas páginas com um pensamento de reconforto: a confiança no futuro que não pode ser pior do que o passado.

São Paulo, 1926-1928

Coleção L&PM POCKET

1271. **O melhor de Hagar 8** – Dik Browne
1272. **O melhor de Hagar 9** – Dik Browne
1273. **O melhor de Hagar 10** – Dik e Chris Browne
1274. **Considerações sobre o governo representativo** – John Stuart Mill
1275. **O homem Moisés e a religião monoteísta** – Freud
1276. **Inibição, sintoma e medo** – Freud
1277. **Além do princípio de prazer** – Freud
1278. **O direito de dizer não!** – Walter Riso
1279. **A arte de ser flexível** – Walter Riso
1280. **Casados e descasados** – August Strindberg
1281. **Da Terra à Lua** – Júlio Verne
1282. **Minhas galerias e meus pintores** – Kahnweiler
1283. **A arte do romance** – Virginia Woolf
1284. **Teatro completo v. 1: As aves da noite** seguido de **O visitante** – Hilda Hilst
1285. **Teatro completo v. 2: O verdugo** seguido de **A morte do patriarca** – Hilda Hilst
1286. **Teatro completo v. 3: O rato no muro** seguido de **Auto da barca de Camiri** – Hilda Hilst
1287. **Teatro completo v. 4: A empresa** seguido de **O novo sistema** – Hilda Hilst
1289. **Fora de mim** – Martha Medeiros
1290. **Divã** – Martha Medeiros
1291. **Sobre a genealogia da moral: um escrito polêmico** – Nietzsche
1292. **A consciência de Zeno** – Italo Svevo
1293. **Células-tronco** – Jonathan Slack
1294. **O fim do ciúme e outros contos** – Proust
1295. **A jangada** – Júlio Verne
1296. **A ilha do dr. Moreau** – H.G. Wells
1297. **Ninho de fidalgos** – Ivan Turguêniev
1298. **Jane Eyre** – Charlotte Brontë
1299. **Sobre gatos** – Bukowski
1300. **Sobre o amor** – Bukowski
1301. **Escrever para não enlouquecer** – Bukowski
1302. **222 receitas** – J. A. Pinheiro Machado
1303. **Reinações de Narizinho** – Monteiro Lobato
1304. **O Saci** – Monteiro Lobato
1305. **Memórias da Emília** – Monteiro Lobato
1306. **O Picapau Amarelo** – Monteiro Lobato
1307. **A reforma da Natureza** – Monteiro Lobato
1308. **Fábulas** seguido de **Histórias diversas** – Monteiro Lobato
1309. **Aventuras de Hans Staden** – Monteiro Lobato
1310. **Peter Pan** – Monteiro Lobato
1311. **Dom Quixote das crianças** – Monteiro Lobato
1312. **O Minotauro** – Monteiro Lobato
1313. **Um quarto só seu** – Virginia Woolf
1314. **Sonetos** – Shakespeare
1315(35). **Thoreau** – Marie Berthoumieu e Laura El Makki
1316. **Teoria da arte** – Cynthia Freeland
1317. **A arte da prudência** – Baltasar Gracián
1318. **O louco** seguido de **Areia e espuma** – Khalil Gibran
1319. **O profeta** seguido de **O jardim do profeta** – Khalil Gibran
1320. **Jesus, o Filho do Homem** – Khalil Gibran
1321. **A luta** – Norman Mailer
1322. **Sobre o sofrimento do mundo e outros ensaios** – Schopenhauer
1323. **Epidemiologia** – Rodolfo Sacacci
1324. **Japão moderno** – Christopher Goto-Jones
1325. **A arte da meditação** – Matthieu Ricard
1326. **O adversário secreto** – Agatha Christie
1327. **Pollyanna** – Eleanor H. Porter
1328. **Espelhos** – Eduardo Galeano
1329. **A Vênus das peles** – Sacher-Masoch
1330. **O 18 de brumário de Luís Bonaparte** – Karl Marx
1331. **Um jogo para os vivos** – Patricia Highsmith
1332. **A tristeza pode esperar** – J.J. Camargo
1333. **Vinte poemas de amor e uma canção desesperada** – Pablo Neruda
1334. **Judaísmo** – Norman Solomon
1335. **Esquizofrenia** – Christopher Frith & Eve Johnstone
1336. **Seis personagens em busca de um autor** – Luigi Pirandello
1337. **A Fazenda dos Animais** – George Orwell
1338. **1984** – George Orwell
1339. **Ubu Rei** – Alfred Jarry
1340. **Sobre bêbados e bebidas** – Bukowski
1341. **Tempestade para os vivos e para os mortos** – Bukowski
1342. **Complicado** – Natsume Ono
1343. **Sobre o livre-arbítrio** – Schopenhauer
1344. **Uma breve história da literatura** – John Sutherland
1345. **Você fica tão sozinho às vezes que até faz sentido** – Bukowski
1346. **Um apartamento em Paris** – Guillaume Musso
1347. **Receitas fáceis e saborosas** – José Antonio Pinheiro Machado
1348. **Por que engordamos** – Gary Taubes
1349. **A fabulosa história do hospital** – Jean-Noël Fabiani
1350. **Voo noturno** seguido de **Terra dos homens** – Antoine de Saint-Exupéry
1351. **Doutor Sax** – Jack Kerouac
1352. **O livro do Tao e da virtude** – Lao-Tsé
1353. **Pista negra** – Antonio Manzini
1354. **A chave de vidro** – Dashiell Hammett
1355. **Martin Eden** – Jack London
1356. **Já te disse adeus, e agora, como te esqueço?** – Walter Riso
1357. **A viagem do descobrimento** – Eduardo Bueno
1358. **Náufragos, traficantes e degredados** – Eduardo Bueno
1359. **O retrato do Brasil** – Paulo Prado
1360. **Maravilhosamente imperfeito, escandalosamente feliz** – Walter Riso

lepmeditores
www.lpm.com.br
o site que conta tudo

IMPRESSÃO:

PALLOTTI
GRÁFICA

Santa Maria - RS | Fone: (55) 3220.4500
www.graficapallotti.com.br